AF106552

GÖTTINGER ORIENTFORSCHUNGEN

IV. REIHE: ÄGYPTEN
Herausgegeben von Friedrich Junge und Wolfhart Westendorf

Band 23

Joachim Friedrich Quack

# STUDIEN ZUR LEHRE FÜR MERIKARE

1992

OTTO HARRASSOWITZ · WIESBADEN

Joachim Friedrich Quack

# STUDIEN ZUR LEHRE FÜR MERIKARE

1992

OTTO HARRASSOWITZ · WIESBADEN

Die Deutsche Bibliothek - CIP-Einheitsaufnahme

**Quack, Joachim Friedrich:**
Studien zur Lehre für Merikare / Joachim Friedrich Quack. -
Wiesbaden : Harrassowitz, 1992
(Göttinger Orientforschungen : Reihe 4, Ägypten ; Bd. 23)
ISBN 3-447-03226-X

NE: Göttinger Orientforschungen / 04


Otto Harrassowitz GmbH & Co. KG, Kreuzberger Ring 7c-d, 65205 Wiesbaden,
produktsicherheit.verlag@harrassowitz.de



ISSN 0340-6342

ISBN 3-447-03226-X

## Inhaltsverzeichnis

## Vorwort

Die vorliegende Untersuchung geht auf eine Magisterarbeit zurück, die im August 1990 der Fakultät für Kulturwissenschaften der Eberhard-Karls-Universität Tübingen vorgelegt wurde. Für den Druck wurde sie neu durchgesehen, an manchen Stellen erweitert und um Verweise auf neuerschienene Literatur vermehrt.

Besonders danken möchte ich Prof. W. Schenkel, dem Hauptgutachter der Arbeit, der mir unpubliziertes Material zur Verfügung gestellt und mit mir einige schwierige Passagen besprochen hat. F. Gomaa stellte mir ebenfalls unpubliziertes Material zur Verfügung und erteilte mir verschiedene Auskünfte zu geographischen Fragen. P. Jürgens danke ich für einige Auskünfte besonders zu den Sargtexten, die für mich wichtiger waren, als es am fertigen Manuskript erscheinen würde. Verschiedene Bekannte und Verwandte halfen mir durch technischen Beistand ebenso wie beim Lesen der Korrekturen. Prof. F. Junge danke ich für die Aufnahme der Arbeit in die Göttinger Orientforschungen.

Tübingen, Juni 1991 Joachim Friedrich Quack

# 1 Einleitung

Die Lehre, die nach der Angabe des Titels ein unbekannter König der Herakleopolitenzeit für seinen Sohn und Nachfolger Merikare geschrieben hat, zählt seit ihrer Veröffentlichung durch GOLENISCHEFF 1913 zu den bekanntesten Werken der klassischen ägyptischen Literatur. Seither wurden einzelne Textpassagen immer wieder für die verschiedensten Studien herangezogen. Auch mehrere Monographien über dieses Werk sind erschienen. Bibliographische Angaben finden sich bei BELLION 1987, S. 338-339. Trotz der bisherigen Studien ist aber offensichtlich, daß der Text noch viele ungelöste Probleme enthält.

Die Ursachen dafür sind vielfältig. Einerseits ist der Text bis heute nicht vollständig bekannt. Trotz der bisher veröffentlichten vier Handschriften läßt sich für längere Bereiche am Anfang kein fortlaufender Text erstellen. Ferner ist der Text auch dort, wo er erhalten ist, oft nicht leicht verständlich und vermutlich vielfach schlecht überliefert. Zudem besteht in der Forschung eine Tendenz, die philologischen Schwierigkeiten gegenüber der inhaltlichen Auswertung zu vernachlässigen.

In der vorliegenden Arbeit werde ich versuchen, bei der Klärung der Übersetzungsprobleme voranzukommen. Auf der Basis einer neuen Übersetzung soll auch ein inhaltlicher Kommentar versucht werden. Dabei beschränke ich mich auf diejenigen Probleme, die mir für das Gesamtverständnis des Textes am wichtigsten scheinen.

Da die Lehre für Merikare zweifellos ein politischer Text ist, bietet es sich besonders an, seine politischen Intentionen genauer zu untersuchen. Auf diese Weise läßt sich der Gesamtsinn des Textes erschließen. Von der Frage nach den politischen Tendenzen nicht zu trennen ist die Frage der genauen Datierung, die ich deshalb auführlich behandeln werde. Für die Lösung dieses Problems sind umfangreichere historische Studien nötig, insbesondere werde ich versuchen, mehr Klarheit über die Geschichte der ersten Zwischenzeit zu gewinnen.

Die beigegebene hieroglyphische Transkription kann in Ermangelung einer Kollationierung der Orginale nicht völlig definitiv sein. Ich habe mich aber bemüht, den Text durch Überprüfung der bisherigen Transkriptionen mit den veröffentlichten Photographien so zuverlässig wie möglich zu gestalten.

## 2 Handschriften und Überlieferungsgeschichte

Die Lehre für Merikare ist gegenwärtig in drei Papyri und einem Ostrakon überliefert. Sämtliche Textzeugen sind unvollständig und ergänzen sich nur teilweise gegenseitig.

Handschrift E: P. Leningrad Eremitage 1116 A verso. Der literarische Text befindet sich auf der Rückseite einer Akte mit Abrechnungen (CAMINOS 1986, S. 47 f.). Mit dieser Handschrift zusammen gefunden wurde auch P. Leningrad Eremitage 1116 B, der ebenfalls Abrechnungen und auf dem Verso einen literarischen Text (Prophezeihung des Neferti) enthält. Zu den beiden Abrechnungstexten läßt sich als dritter Text noch der P. BM 10 056 stellen (GLANVILLE 1931, 1932). Alle drei Texte stammen von der königlichen Werft *Pr.w-nfr* bei Memphis. P. Eremitage 1116 A recto ist mutmaßlich in das 19. Jahr Amenophis' II zu datieren, die anschließende Beschriftung der ausrangierten Akten mit literarischen Texten kann annähernd in die Zeit Thutmosis' IV bis Amenophis' III gesetzt werden. Der Abschreiber der Lehre für Merikare hat am Ende der Handschrift ein ausführliches Kolophon mit folgendem Wortlaut hinterlassen:

"Es ist gut zu Ende gekommen, wie es schriftlich vorgefunden wurde, in der Schrift des Schreibers Chaemwaset für sich selbst, den wahren Schweiger, mit gutem Charakter, sanftmütig, menschenliebend, der nicht einem anderen im Auge stand, der einen Diener nicht bei seinem Herrn verleumdete[1], der Schreiber, der die Abrechnung durchführt, mit geschicktem Gesicht in der Kunst des Thot, der Schreiber Chaemwaset, und für seinen Bruder, seinen Herzensgeliebten, den wahren Schweiger, mit gutem Charakter, mit geschicktem Gesicht in der Kunst des Thot, den Schreiber Mehu" (E 144-150).

Demnach handelt es sich hier um die private Abschrift eines an Literatur interessierten Beamten. Ferner kann man aufgrund des oben beschriebenen Fundzusammenhanges als Entstehungsort der Handschrift den memphitischen Raum annehmen.

Publikation der Handschrift: GOLENISCHEFF 1913, Pl. 9-14.

Zur Datierung: POSENER 1962, S. 291 ff., REDFORD 1965, SEIBERT 1967, S. 87.

Handschrift M: P. Moskau 4658. Diese Handschrift stammt offenbar aus einem umfangreichen Fund literarischer Handschriftenfragmente, die sich mit Ausnahme eines Stückes im British Museum sämtlich in Moskau befinden. Er-

1 Zu *štm* "verleumden" s. POSENER 1950, S. 83, HUGHES 1982, S. 57 f., sowie Urk. VI, 91,19 und P. Brooklyn 47.218.50, XVII,22.

worben wurden sie in Luksor. Es handelt sich im einzelnen um folgende weitere Texte: Lehre des Ptahhotep, Handschrift L2. Erzählung des Sinuhe, Handschrift G. Erzählung über Fisch- und Vogelfang. Erzählung vom sportlichen König. Mythologische Erzählung, nach ASSMANN 1977, S. 32 Anm. 50 Frühform der Tefnutlegende. Sämtliche Handschriften dieses Fundes stammen aus der späten 18. Dynastie.

Publikation: GOLENISCHEFF 1913, Pl. A-C, CAMINOS 1956, Pl. 26-27.

Zur Datierung: SEIBERT 1967, S. 87.

Handschrift C: P. Carlsberg VI, ursprünglich von Borchard erworben. Es handelt sich um eine Palimpsesthandschrift. Der ältere, nicht mehr lesbare Text steht quer zum jüngeren. Datiert wird die Handschrift meist an das Ende der 18. Dynastie, dagegen wurde auch die 21. Dynastie vorgeschlagen.

Publikation: BORCHARD 1933, Blatt 15, VOLTEN 1945, T. 1-4.

Zur Datierung: SEIBERT 1967, S. 87 f. mit weiterer Literatur.

Handschrift DM 1476: O. DM 1476 verso. Der Text enthält geringe Reste von Zeichen, die gerade zur Identifizierung ausreichen, er stammt aus der Ramessidenzeit. Das Rekto enthält ein Fragment der Berufssatire.

Publikation: POSENER 1977-80, Pl. 32.

Identifizierung: QUACK 1990.

Stemmatisch gesehen, gehen M und C gegen E zusammen (DONADONI 1968), DM 1476 läßt sich stemmatisch nicht einordnen. Daraus folgt, daß die Übereinstimmung von E und einer weiteren Papyrushandschrift gegen die dritte Papyrushandschrift im allgemeinen den Archetyp sichert, der wahrscheinlich schon einige Abweichungen vom Orginal aufwies. Bei Übereinstimmungen von M und C gegen E muß dagegen eine interne Abwägung den ursprünglicheren Text erschließen.

Meist wird E als die schlechteste Handschrift angesehen. Dies ist teilweise berechtigt, da sie relativ viele Flüchtigkeitsfehler und kleine Ungenauigkeiten zeigt. Besonders auffällig sind:

Die Wurzeln *č3s* und *čsi̯* werden vom Abschreiber meist zusammengeworfen. Korrekt geschrieben ist nur *č3s.t* "Truppe" (E 63, 86) sowie einmal das Wort *č3s* (E 63), überall sonst wird für beide Wurzeln *čsi̯* geschrieben, der Bearbeiter muß nach den Parallelhandschriften oder dem Sinn die etymologisch korrekte Schreibung einsetzen.

Das Verb *thi̯* wird in E 52, 70 und 72 mit einem intrusiven *t* geschrieben, in E 11 ist dies wegen teilweiser Zerstörung nicht nachweisbar.

Zusammengesetzte Präpositionen werden teilweise vereinfacht, so *r mn* für *r mn m* (E 82), *ḏr.w* für *r ḏr.w* (E 88), *ḥr.w* für *ḥr.w r* (E 100). Einfaches *r* wird ausgelassen in E 133 und 138, überschüssiges *r* findet sich in E 102 und 136, möglicherweise auch E 69. Überschüssiges *ḥr* findet sich in E 38, 62, 64 und 114. Recht häufig ist die Auslassung des femininen *t*, besonders in der Relativform, die sich in E 51, 52, 56, 122, 123, 128, eventuell auch in E 71 findet.

In E 59 und 95 werden offenbar in der Vorlage beschädigte Zeichen in deformierter Weise abgezeichnet.

Hinzu kommen noch eine größere Menge von geringen und schweren Einzelfehlern sowie manche verdächtig aussehende Stellen, die aber nicht endgültig zu klären sind.

Für die Handschrift E spricht allerdings, daß sie offenbar relativ direkt auf eine Vorlage des Mittleren Reiches zurückgeht (POSENER 1962, S. 293) und zudem von redaktioneller Überarbeitung relativ frei zu sein scheint.

Die Handschrift M gilt allgemein als die beste und ist kalligraphisch und orthographisch tatsächlich von besonderer Qualität. Eine genauere Prüfung zeigt jedoch deutliche Spuren redaktioneller Überarbeitung. So finden sich Textwucherungen zu E 44 und 127, Auslassungen zu E 122, Textveränderungen unter Einfluß anderer Literaturwerke zu E 96-97, mutmaßlich auch zu E 41 und 127, Vereinfachungen der Sprachstruktur zu E 52-53, 87 und 128, sekundäre Ersetzung von Synonymen zu E 128.

Die Handschrift C macht von den Veränderungen der Handschrift M, soweit nachprüfbar, nur einen Teil mit, fügt aber einige eigene hinzu. Es finden sich Textwucherungen zu E 126, 127 und 131, Auslassungen zu E 122, Textveränderungen durch Einfluß anderer Literaturwerke zu E 96-97, mutmaßlich auch zu E 127, Einsatz von Synonymem zu E 128. Hinzu kommen noch einige Flüchtigkeitsfehler und Einflüsse jüngerer Orthographie.

Insgesamt ergibt sich daraus, daß keine der zur Verfügung stehenden Handschriften wirklich verläßlich ist. Bei der Handschrift E muß man stets mit kleineren oder größeren Korruptelen rechnen, bei den Handschriften M und C mit redaktionellen Neuerungen. Dies Ergebnis scheint sich mit dem Befund der mit den Merikare-Handschriften zusammen gefundenen Papyri zu decken. Auch die Handschrift Neferti E ist in Details häufig ungenau, auch die Handschriften Ptahhotep L2 und Sinuhe G sind sorgfältig geschrieben, zeigen aber, besonders im Falle des Ptahhotep, deutliche Spuren einer Neuredaktion.

Zu klären bleibt die Frage nach Bekanntheitsdauer und Nachwirkung, die allerdings schwer zu erhellen ist. Durch die Handschriften selbst wird eine Bekanntheit bis in die Ramessidenzeit, eventuell auch bis in die 21. Dynastie, bezeugt. Danach endet die direkte Bezeugung, wie überhaupt spätzeitliche Kopien klassischer Literaturwerke in Ägypten selten sind.

Einige Ausnahmen machen jedoch wahrscheinlich, daß dies auf Zufälligkeiten der Überlieferung beruht. Direkt bezeugt sind für die Spätzeit die Lehre des Amenemhet durch den P. Berlin 23 045 (BURKARD 1977, S. 7 f. und 341), die Berufssatire durch die Holztafel Louvre E 8424 (SAUNERON 1950, zur Datierung POSENER 1966b, S. 47 ff., SEIBERT 1967, S. 100-102), die Lehre des Djedefhor durch die Holztafel Brooklyn 37.1394 E (POSENER 1966b, S. 62-65), die Erzählung von Neferkare und dem General Sisenet durch den P. Chassinat I (POSENER 1957, zur Entstehung des Textes im Mittleren Reich auch BERLEV 1987a, S. 82 f.)

Indirekt bezeugt sind in der Spätzeit durch Zitate und Anspielungen der Nilhymnus (SEIBERT 1967, S. 100 Anm. 102) und die Sinuheerzählung (ALT 1923).

Für die Lehre für Merikare ist der Befund unsicher. Die von GRIMAL 1981, S. 285 bemerkte Beziehung zwischen Merikare E 73 und drei Passagen der Piye-Stele scheint mir nicht spezifisch genug, um direkte Abhängigkeit zu beweisen. Interessanter ist schon der Bezug zwischen Merikare E 48-50 und Piye-Stele Z. 86, eine Konzeption, die ähnlich auch Kawa VIII, Z. 3 f. aufgenommen wird (MACADAM 1949, T. 16). Ein zwingender Beweis für die Kenntnis der Lehre für Merikare in der Äthiopenzeit ist aber auch dies nicht.

Auch bei der Wiederaufnahme von Merikare E 61 f. in einem spätägyptischen magischen Text (KLASENS 1952, S. 71) könnte es sich um eine unabhängig von der Gesamtüberlieferung der Lehre umlaufende Formulierung handeln. Zudem dürfte der betreffende magische Text eine längere eigene Überlieferungsgeschichte haben, da sein Anfang bereits aus dem Neuen Reich im O. Gardiner 333 belegt ist (ČERNÝ/GARDINER 1957, Pl. X,1, identifiziert von BORGHOUTS 1978, S. 122 (90)).

Ebenso ist die Ähnlichkeit in der Konzeption von Merikare E 130-138 und dem 24. Kapitel der Lehre des P. Insinger (JUNKER 1925, Sp. 374, VOLTEN 1942, S. 42-43) angesichts der beträchtlichen Unterschiede im Detail kein ausreichender Beweis für die Bekanntheit des Merikare in der Spätzeit. Insgesamt deutet die Anzahl der Belege aber darauf hin, daß die Lehre für Merikare auch in der Spätzeit noch in Umlauf war.

## 3 Übersetzung und philologischer Kommentar

Der nachfolgende Kommentar soll eine philologische Begründung meiner Übersetzung liefern. Auf abweichende Auffassungen älterer Übersetzungen gehe ich im allgemeinen nur ein, wenn sie entweder philologisch und inhaltlich ernstzunehmende Alternativen sind, oder wenn ich an besonders wesentlichen Stellen ihre Unzulänglichkeit genauer zeigen möchte. Verweise auf Standard-Wörterbücher und Grammatiken finden sich nur ausnahmsweise.

Bei der Einteilung des Textes in Abschnitte folge ich meist GARDINER 1914, dessen Gliederung den Vorteil hat, auf den Rubra der Handschriften und damit auf einer schon altägyptischen Auffassung zu beruhen. Der Problematik dieser Einteilung bin ich mir bewußt (BLUMENTHAL 1980, S. 26), man kann aber dort, wo alle Handschriften übereinstimmend Rubra setzen, diese bereits für den wohl nur teilweise durchrubrizierten Archetyp annehmen.

Der Auffassung von HELCK 1977, S. 11, daß die Rubra nicht Sinn- sondern Lernabschnitte angäben und deshalb bei der Gliederung der Übersetzung vernachlässigt werden könnten, kann ich mich nicht anschließen, weil die drei Papyrushandschriften außerhalb der Lern- und Schultradition gestanden haben.

Aus drucktechnischen Gründen ist es nicht möglich, die Seiteneinteilung der Edition mit der Abschnittseinteilung der Handschriften zur Deckung zu bringen. Neue Abschnitte, die in der Handschrift durch Rubra markiert sind, werden in der Übersetzung durch den als Abschnittsgrenze dienenden Strich ——— angedeutet.

In der Transkription des Textes gibt das Zeichen | einen Zeilenwechsel in der Handschrift an. Die am rechten Rand der Transkription stehende Zahl gibt die neubeginnende Zeile nach der schon von GOLENISCHEFF 1913 eingeführten Durchzählung aller Zeilen der Handschrift an. Die stattdessen von HELCK 1977 verwendete Zählung nach den Seiten der Handschrift und der jeweiligen Zeile auf der Seite ist weniger günstig, da dadurch die Verbindung zur sonstigen Literatur, die den Text stets nach der älteren Zitierweise zitiert, verloren geht.

Die Transkription des ägyptischen Textes geht möglichst streng historisch vor. Auf bekannten lautgesetzlichen Veränderungen beruhende jüngere Orthographien werden stillschweigend in ihre ältere Form umgesetzt.

Die Art der Editionstechnik beruht im wesentlichen auf den Methoden der klassischen Altphilologie. Bei ihrer Übertragung auf ägyptische Texte folge ich im Grundsatz unpublizierten Arbeiten von P. Jürgens und J. Zeidler, habe aber wegen der erheblich geringeren handschriftlichen Basis, die die Möglichkeiten der Textkritik stark reduziert, auf einige Feinheiten verzichtet. Besonders zu beachten bitte ich, daß im textkritischen Apparat die Handschriftensigel stets vor den Lesarten stehen, auf die sie sich beziehen. Verschiedene textkritische Verweise auf dieselbe Zeile der Edition werden durch ein freistehendes Semikolon voneinander abgetrennt.

## Merikare E 1-16

[ḥ3.ti-ʿ.w m śb3.yt iri̯.tn ...]y (?) n s3=f mry.w-k3-rʿ.w | 2
[č̣t=f ...] m (?) sfn ḥr sp nčri̯ n [.] ḫśf=k | 3
[...]=śn ḥr mtu̯.t nb.t ḥ3.t pw n.t | 4
[...]=ś ḫpr.(w) ś:ʿš3 ẖ3k.w-[ib] | 5
[...] ḥnʿ sḫ.w[=śn r]=k | 6
[...] ir č̣t śmi [..] | 7
[...] ir r ś3 ḫpr mtu̯.t=k r b| 8
[...]=k [...]ḥw.t (?) nmʿ | 9
[...] irr=f gs=ś m ʿḥʿ.w [..] k3 | 10
[...].tw nb.(w) [...]=f [..] psš [..] mr.w=i č̣3| 11
[...] č̣t mi.tt [...] ʿš3 m ḥr=k (?) thi̯=k ḥr w3i̯.t | 12
[...] [illegible] n=f śm3.w=k [.]|nky.w św ḥr=ś 13
rḫ.ti mr.w=f mrr św
ir gmi̯[=k ...]
[... p]w ni̯ nʾ.t | 14
nb.(w) [pw ni̯] wḥy.t
ḥn n=k św k3 tm [...]
[...] ḥf|n=k ʿš3 15
m ḥč̣i̯.(w) si [m tp]-rt n [..] | 16
[nt]f ḥri̯ ḥw.t-wr.t [..]

Merikare E 1-16

[Beginn der Lehre, die ...]y für seinen Sohn Merikare [gemacht hat].
[Er sagt ...], sei nicht milde bei einer Übeltat ..., du sollst strafen
[...] ihre [...] wegen jedes Wortes. Das ist der Anfang von

---

[...] ihre [..] geschehen ist, der die Aufsässigen zahlreich macht,
[...] und [ihre] Pläne [gegen] dich.
[...] Wenn Meldung stattgefunden hat
[...] Nachdem deine Rede stattgefunden hat, ...
[...] parteiisch
[...] Er macht ihre Hälfte in einem Haufen (?) [..] Dann
[...] Herr [...] teilen [..] meine Anhänger
[...] gleiches sagen [...] zahlreich vor dir (?).
Wenn du vom Weg abweichst[a]
[...] für ihn. [...] Du wirst die töten, die ihn deshalb [...]
indem du seine Anhänger, die ihn lieben, kennst.

---

Wenn du [einen Machthaber (?)] findest
Er ist der [Herr ?] einer Stadt,
Oder er ist der Herr einer Sippe,
So befiehl (?) ihn zu dir, dann wird nicht [b]...
... deine unzählig vielen (?).
Schädige keinen Mann an der Vorschrift ...
Er[c] ist das Oberhaupt der Gerichtshäuser

a) Eine solide Übersetzung und Kommentierung der gesamten ersten Seite ist nicht möglich. Vgl. GARDINER 1914, S 23-24; VOLTEN 1945, S. 5-6; HELCK 1977, S. 3-6; DERCHAIN 1989, S. 43.

b) *k3 tm* ist die auch Urk. IV, 655,4, P. Hearst XI, 14 und O. Berlin 1269, v. 3 belegte jüngere Form zu älterem *tm.k3* (POLOTSKY 1957, S. 109 Anm. 3), zur Bedeutung DEPUYDT 1989, S. 18-22.

c) Ausmaß der Lücke und Syntax machen diese Ergänzung recht wahrscheinlich.

Merikare E 16-22

*tʾ* [...] *f*|[.]*f* [...]=*f n wḥy.t* 17
*sꜣṷ tm* [...] | 18
[...] *sꜣṷ.w n=n ꜥnḫ.w*
*snı̯.n ꜣbṭ* [...] | 19
[...]=*f ḥꜥ.w=f*
*č̣ṭ=f mḥi=f śḫꜣ=f*
[*n*]*ḫt=i ꜣ ḥr tꜣ m ꜥ.t n.t iwf*[*.w*] | 20
[...] *rmč.w wꜣ*[..]
[*ḥt*]*p n=f ib=k iꜥı̯.(w)*
[..] *bw nb ḥr mśı̯.t=f pw m wḥm*
*ś*[..]=*śn* | *m ḥtpy.w* 21
[...] *k* [...] *mi nčr*
*ir gmı̯=k św m iw.ti hnw=f* | [..] 22
*rḫ św nʾ.tiw*
*mr.w=f ꜥšꜣ.(w) m ṭmč̣.yt*

---

3 *ꜥnḫ.w* : M *ꜥnḫ*
4 *snı̯.n* : M *snı̯ n=f*
11 M ad. [...]*w*
12 M om.

Merikare E 16-22

... für die Sippe.
Hüte dich, daß nicht ...

———

...[a] die, die für uns[b] die Gefangenen[c] bewachen.
Kaum ist ein Monat vergangen (?) ...
... er ... seinen Leib,
Indem er spricht, überlegt und sich erinnert:
"Ich werde gewiß stark sein auf Erden in körperlicher Existenz[d]."
...[a] die verschwörerischen (?) Menschen.
Sei gnädig zu ihm, wenn dein Herz befriedigt ist.
... jedermann (sagt) "Das ist seine Wiedergeburt"[e].
....[a]sie zu Friedfertigen.

———

... wie Gott.[f]
Wenn du ihn findest als einen, dessen Angehörige nicht ... sind,
Die Städter kennen ihn[g],
Seine Anhänger sind zahlreich in der Versammlung.

a) Vermutlich ein Imperativ zu ergänzen.

b) Die Stelle ist ganz unsicher, die Übersetzung "ohne Leben" (HELCK 1977, S. 9, ähnlich DERCHAIN 1989, S. 43) scheint mir sinnlos. Ich emendiere [illegible] zu [illegible].

c) Da "Die Lebenden" nicht sehr sinnvoll ist, verstehe ich *ꜥnḫ* als "Gefangener" (VYCICHL 1972).

d) DERCHAIN 1989, S. 44 liest *nti=f* "wenn er gebunden ist", verwechselt dabei aber [illegible] und [illegible].

e) Da ein Nominalsatz kaum derart von der Präposition *ḥr* abhängen kann, verstehe ich auf Vorschlag von Prof. Schenkel *ḥr* als die häufige Ellipse für *ḥr ḏt*.

f) HELCK 1977, S. 11 und BURKARD 1977, S. 256 f. ziehen gegen das markierte Rubrum diesen Vers noch zum vorigen Abschnitt. Da er unverständlich ist, läßt sich aber nicht ausschließen, daß er ein allgemeingültiger Einführungssatz des Abschnittes war.

g) Der Text ist nicht sicher zu rekonstruieren, die von HELCK 1977, S. 9 ergänzte Negation ist jedoch willkürlich.

Merikare E 22-27

*św [...] iḫ.t=f [..].tw rḫ=f*
*ʿḳ m [..] m ib.w |* 23
*ʿn św m ḥr ç̌.t=f*
*mn m i:t3ḥ.w {pw} ⟨m⟩ mṭu̱.ti*
*ṭr św śm3 mśı̱.w[=f]*
*ś|in rn=f [śkı̱] hnw=f* 24
*ṭr sḫ3=f mr.w=f mrr św*
*sh[3] | pw nı̱ nʾ.t ẖnn-ib* 25
*iw=f ś:ḫpr=f mr.wi 2 m ç̌3m.w*
*ir grt gmı̱=k | nı̱-św nʾ.t* 26
*ḫ3ḫ (?)-[..] sp=f św3 ḥr=k*
*{ś:ḫr} ⟨ś:rḫ⟩ św m-b3ḥ šny.t*
*ṭr [św] śbi | pw gr.w* 27

---

2 *m [...]* : E om.
3 *ʿn* : M *ś:ʿn*
10 *mr.wi 2* : M *mr.w*

...[a)]
Der als ... in die Herzen eindringt,
Schön erscheint er seinen Leuten,
Der dauernd ein Aufrührer und[b)] Redner ist;
Beseitige ihn, töte [seine] Kinder,
Lösche seinen Namen aus, [vernichte] seine Familie,
Beseitige sein Andenken und seine Anhänger, die ihn lieben!

---

Der Unruhestifter einer Stadt ist der Streitsüchtige.
Er erschafft zwei[c)] Parteiungen in der Jugend.
Wenn du einen von den Städtern findest,
Einen mit flinkem [Mund ?][d)], dessen Untat dir vorkommt[e)],
Zeige ihn an vor dem Hofstaat!
Beseitige [ihn], denn er ist ein Rebell.

a) Die Wiedergabe von HELCK 1977, S. 11 beruht auf einer Rekonstruktion, die die Lücke wohl nicht füllt.

b) Die Stelle ist so, wie sie dasteht, offensichtlich verderbt. *i:t3ḥ*, sofern richtig, ist eine Nominalbildung mit *i*-Präfix. Das nur in M erhaltene *pw* wird fehlerhaft von E 27 genommen sein. Meine Emendation ist sehr unsicher. Es ist auch möglich, daß die Handschriften unterschiedlich formuliert hatten und nicht zur gegenseitigen Ergänzung herangezogen werden dürfen.

c) Man kann zweifeln, ob die pluralische Lesart von M nicht die bessere ist. Da der Dual in E aber die spezifischere Aussage ist, halte ich ihn angesichts der sonstigen Erfahrungen mit den Handschriften für die ursprünglichere Version. Tendenziell ist nämlich in der Handschrift M eher mit Vereinfachungen gegenüber dem Urtext zu rechnen.

d) Lesung und Ergänzung sind unsicher.

e) Diese bei HELCK 1977, S. 14 vorgeschlagene Deutung erscheint mir als akzeptabelste Lösung.

Merikare E 27-32

*t3ḥ pw nı̯ n*ʾ*.t mṯu̯.ti*
*ḳ*ꜥ*ḥ* ꜥ*š3.t ṯr t3 r=ś*
*nn čsı̯ iṯr.*[*tw*] *śbi* | 28
*m šw3.w ś:śbi.n itı̯=f*
*in tw3.w sh3 mš*ꜥ [...]⋀ *čw*
*irı̯* | *pḥ.wi=fi m šb* [.] *š3y n=f* 29
*ḳnṯ* ꜥ*š3.(w) č̣ı̯.tw ḥr šn*ꜥ
*sfn* [...] *ḫśf=k* | 30
*iw ś:š3w=k* [..] *m ḥ*ꜥꜥ*.wt*
*ś:m3*ꜥ *ḫrw=k r gs nčr*
*iḫ č̣ṯ rmč.w* [*m*] *ḫmt=k* | 31
*ḫśf=k r č̣3.wt iyı̯.*[*t*]*=f (?)*
*p.t pw n.t si iwn nfr*
*ḳśn pw ś:ḥwr nı̯ ṯ*[*nṯn*]*-ib* | 32

---

12 *iyı̯.*[*t*]*=f* : E *iyı̯.*[*t*]*=k*, M [..]*=f*

Merikare E 27-32

Der Aufwühler[a] einer Stadt ist der Redner.
Beuge die Menge, vertreibe die Hitze von ihr !
Es gibt keinen Protest (?), wenn [man] den Rebellen fernhält,
Nämlich[b] den Bettler, den sein Vater zur Rebellion brachte.

---

Der Geringe bewirkt Unruhe[c], die Armee ... dich.
Mache sein Ende mit der Entschädigung (?), die ihm bestimmt wurde.
Zahlreich ist der Zorn[d], wenn man ins Arbeitshaus gegeben wird (?).
Sei milde ... , wenn du strafst !
Du bringst die [Leute] zum Jubel[e].
Rechtfertige dich zur Seite des Gottes !
Mögen die Menschen auch in deiner Abwesenheit (?) sagen,
Daß du entsprechend seinem[f] Vergehen (?) strafst.
Der Himmel eines Mannes ist ein guter Charakter.[g]
Übel ist die Verwünschung des Wütenden.

---

a) Die Wurzel *t3ḥ*, koptisch ⲧⲱϩ, bedeutet offenbar "verwirren, aufwühlen" (DEVAUD 1923, S. 22-24; FOX 1985, S. 20).

b) Ich nehme ein *m* der Äquivalenz an, DERCHAIN 1989, S. 44 präpositionale Rektion von *čsı̱* mit *m*, was möglich ist, mir aber inhaltich weniger wahrscheinlich vorkommt.

c) *sh3* ist nach GARDINER 1930, S. 22 wohl transitiv aufzufassen. Die angeblichen intransitiven Belege sind eher als Passiv zu interpretieren.

d) Die Übersetzung "Ist die Menge wütend" (VOLTEN 1944, S. 11; HELCK 1977, S. 15; ähnlich DERCHAIN 1989, S. 44) halte ich für unbefriedigend, da "Menge" *ˁš3.t* heißt und wohl auch mit dem Personendeterminativ versehen wäre.

e) HELCK 1977, S. 25 erklärt *ś:š3w* mit Verweis auf WB IV, 281,1. Da dort nur ein einziger, sehr zweifelhafter Beleg gegeben wird, bleibt die Übersetzung sehr fraglich.

f) E bietet "deinem", vermutlich durch Assimilation der Suffixe. Zum Verständnis s. die ähnliche Passage Urk. IV, 1107,6 (dazu zuletzt VAN DEN BOORN 1988, S. 84 f. mit Verkennung des Ausdrucks *r ç̌3.wt*).

g) Hier könnte ein Sprichwort vorliegen, s. GUNN 1926, S. 284.

Merikare E 32-37

*ḥmww m mṭu̯.wt nḫt=k* [..]
*ḫpš pw nı̯ nsw (?) nś=f*
*ḳn mṭu̯.wt r ʿḥꜣ nb*
*n iyı̯.n.tw | ḥꜣ ḥmw-ib* 33
[...] *ḥr tmꜣ*
[*ib.w*] *(?) pw nı̯ śrı̯.(w)w śꜣꜣ*
*n tkk.n św | rḫ.w rḫ=f* 34
*n ḫpr*.[*n iyı̯.t*] *m hꜣ.w=f*
*iww n=f mꜣʿ.t ʿtḫ.ti*
*mi śḫr.w nı̯ č̣t.tn tpı̯.w |* 35
*snı̯ r iti.w=k* [*t*]*pı̯.w-ʿ.w=k*
*bꜣk.tw* [...] *m rḫ* [..]
*m=k mṭu̯.t=śn mn.(w) m śẖꜣ.w |* 36
*pgꜣ šṭı̯=k snı̯=k r rḫ.w*
*ḫpr ḥmw.w m ś{b}bꜣ.yw*
*m č̣wı̯.(w) nfr wꜣḥ-ib |* 37
*ś:wꜣḥ mn.w=k m mr+w.t=k*
*ś:ʿšꜣ* [...] *ẖnm n nʾ.t*

Merikare E 32-37

Sei geübt in der Rede, damit du stark bist ...[a]
Das Schwert eines Königs ist seine Zunge.
Die Worte sind stärker als jeder Kampf[b].
Den mit geübtem Verstand kann man nicht hintergehen.
[Er löst Probleme] ohne Anstrengung (?).[c]
Eine [Zuflucht][d] für die Fürsten ist der Weise.
Die, die seine Kenntnis kennen, greifen ihn nicht an.
Kein [Unheil][e] geschieht zu seiner Zeit.
Fertig gebraut kommt zu ihm die *M3ʿ.t*.
In Gestalt dessen, was die Vorfahren gesagt haben.

---

Ahme deine Väter und deine Vorfahren nach !
Man arbeitet ... durch Wissen (?).
Siehe, ihre Worte dauern in Schriften.
Öffne, damit du liest und die Weisen nachahmst.
Aus einem Belehrten wird ein Kunstfertiger.
Sei nicht böse, Sanftmut ist besser !
Lasse dein Andenken dauern in Form[f] deiner Beliebtheit.
Mache zahlreich die ...

a) Ich ziehe es vor, die Versabtrennung nach der Lücke vorzunehmen, da M hinter *nḫt=k* keinen Verspunkt zeigt.

b) *ʿḥ3* ist m. E. eher "Kampf" als "Waffe", was in E 136 ein anderes Determinativ erhält.

c) Wörtlich: "auf der Matte", s. POLOTSKY 1939, Sp. 159.

d) Die Ergänzung *ibw* ist nicht gesichert und vor allem von FAULKNER 1955, Fig. 2, Z. 8 inspiriert. Sie scheint mir besser als die Ansetzung des sonst nur einmal belegten *imḏr* (so HELCK 1977, S. 17).

e) Ergänzt mit HELCK 1977, S. 18, die Ergänzung *isf.t* (so offenbar GARDINER 1914, S. 25 und FAULKNER 1972, S. 182) ist aus Raumgründen weniger wahrscheinlich.

f) So wohl eher als die übliche Übersetzung "durch deine Beliebtheit".

Merikare E 37-39

*ṭw3 čw nčr ḥr fḳ3.w*
*sbi̯.w ḥr [rn]=k* | 38
*ṭw3.w {ḥr} nfr=k*
*nḥi̯.⟨w⟩ śnb=k n nčr.w (?)*
*[tr]i śri̯.ww ś:wç̌3 rmč.w=k*
*ś:rwç̌ t3š.w=k* | *pẖr.y=k* 39
*nfr iri̯.t n m-ḫt*
*tri.[tw] ʿnḫ n wb3-ḥr*
*iw mḥ.(w)-ib r 3h.w*

Merikare E 37-39

Gott wird dich preisen wegen der Beschenkten[a)],
die für deinen [Namen] eintreten,
Die deine Schönheit verehren[b)],
Die deine Gesundheit von den Göttern[c)] erflehen.

---

Achte die Fürsten, lasse deine Leute gedeihen !
Mache deine Anordnungen[d)] und deine ...[e)] stark !
Gut ist es, für die Zukunft zu handeln.
Dem[f)] Vorausschauenden[g)] respektiert man das Leben,
Aber der Vertrauensvolle[h)] wird zum Leidenden.

a) Ich folge hier WESTENDORF 1953, S. 48 u. BLUMENTHAL 1970, S. 137. Bei der Übersetzung "Man dankt Gott wegen der Geschenke" (so zuletzt BURKARD 1977, S. 304; HELCK 1977, S. 20; DERCHAIN 1989, S. 44) wird es schwierig, das Nachfolgende sachlich befriedigend anzuschließen.

b) Das nicht in die Konstruktion passende *ḥr* ist zu streichen, es ist vom vorhergehenden Vers verschleppt. Alternativ könnte man zu *ṯw3.w* ⟨*čw*⟩ *ḥr nfr=k* "Die dich wegen deiner Schönheit preisen" emendieren.

c) Sofern die durchaus unsichere Lesung "Götter" richtig ist, muß hier gegen WB II, 289,5 *n* den Erfüller der Bitte einführen. Da der Nutznießer schon durch das Suffix gegeben ist, halte ich das für möglich.

d) Hier folge ich VOLTEN 1945, S. 17 f. Zwar ist erst für Dem. *tš*, Koptisch ⲧⲱϣ die Bedeutung "Anordnung" sicher belegt, aber der üblicherweise angenommene Bezug auf eine Grenze wäre in diesem sonst nur innere Angelegenheiten betreffenden Abschnitt nicht am Platz.

e) *pẖr.y* ist ein unbekanntes Wort ohne sichere Erklärung.

f) Gegen die allgemeine Auffassung ist *n* Präposition, nicht Genitivanknüpfung. Andernfalls würde dem Satz das adverbiale Prädikat fehlen.

g) Wörtlich "der mit offenem Gesicht" (zum Ausdruck EDEL 1984a, S. 88).

h) Im Gegensatz zum bekannten *mḥ-ib* "Der das Herz füllt" (Vertrauter) dürfte hier eine passive Bildung *mḥ.(w)-ib* "Der, dem das Herz gefüllt ist" (Vertrauensvoller) vorliegen.

Merikare E 39-42

*imi̯ sbi̯.tw* [*ḥr=k*] | *m iwn=k nfr* 40
*ẖsi mri̯ n=f t3* [.] *n* [.] *f*
*ḫm-iḫ.t pw ḥn.ti iw n ki.wi*
*św3* [*ʿnḫ*] | *tp t3 nn 3w=f* 41
*w3č̣ pw śḫ3.*[*w*] *im=f*
*n ʿḳ3.n si ḥḥ n nb t3.wi*
*wnn* [*si*] | *ʿnḫ.(w) r nḥḥ* 42
*rww iwi̯ m-ʿ.w iri̯-śi*
*mi ś:fḫ nč̣m n=f*

---

2 *mri̯* : M *mr.w*
5 M [...] *iw.w im=f*

Merikare E 39-42

Veranlasse durch deinen guten Charakter, daß man für dich eintritt!
Elend ist, wer für sich Land wünscht[a]...
Ein Nichtswisser ist, wer gierig ist, wenn andere besitzen.
[Das Leben] auf Erden geht vorüber ohne Dauer.
Glücklich ist, an wen man sich dort erinnert[b].
Millionen Männer können den Herrn der beiden Länder
nicht begleiten[c].
Wird ein Mann lebendig sein in Ewigkeit?
Fortgehen muß, wer mit dem Schöpfer der *M3ʿ.t*[d] kam,
Ebenso wie der, der es sich angenehm machte, losgelöst wurde.

---

a) M gibt hier "Wer Land an sich bindet". Beide Varianten sind möglich, aber schon wegen des nicht erhaltenen Satzschlusses schwer gegeneinander abzuwägen.

b) Da *śḫ3* im Ägyptischen transitiv ist, muß *im=f* "in ihm" (dem Land) heissen, wie bereits GARDINER 1914, S. 26 erkannt hat. In späteren Übersetzungen ist dies teilweise fehlerhaft wiedergegeben. M hat hier anscheinend ganz abweichend formuliert, möglicherweise durch Kontamination mit Ptahhotep 87.

c) Der genaue Sinn von *ʿḳ3* an dieser Stelle ist schwer zu fassen. Die übliche Übersetzung "nützen" scheint mir nur geraten. Das hier vorgeschlagene "begleiten" stützt sich vor allem auf die Parallele Bauer Bl, 95 "Stirbt ein Sterbender zusammen mit seinen Leuten? Wirst du ein Mann der Ewigkeit werden" (ähnlich auch P. Insinger 18,3). Etymologisch ableiten ließe sich dies von der üblichen Bedeutung "gerade, richtig sein" über die Stufe "gerade, direkt neben jmd. gehen". S. auch Ptahhotep 312 f., wo *ʿḳ3=f m3ʿ.t* parallel zu *šm.(w) r nmt.t=f* steht (zum Verständis dort FECHT 1958, S. 41 ff.).

d) "Der, der sie (die *M3ʿ.t*) geschaffen hat (also Re)" nach HELCK 1977, S. 24. Dagegen will WESTENDORFF 1954 in *iri̯ śi* eine Schreibung für Osiris sehen. Das scheitert m. E. daran, daß sein Beleg 1 (Ptahhotep 89) wegen der großen redaktionellen Verschiedenheit der Handschriften nichts beweist, während sein Beleg 3 die Entsprechung *iri̯ śi* : *rʿ.w* zeigt.

Merikare E 42-46

*ś:ꜥꜣ wr.w=k iri̯=śn h|pw=k* 43
*n nmꜥ.n ḫwt̯ m pr.(w)=f*
*nb-iḫ.t pw tm gꜣ.w*
*n čt̯.n šwꜣ.w | m mꜣꜥ.t=f* 44
*n ꜥḳꜣ.n čt̯ ḥꜣ-n=i*
*nmꜥ=f n nb.(w) čbꜣ.w=f*
*wr {wr} ⟨śri̯.(w)⟩ {wr.w} ⟨śri̯.(w)⟩=f wr.(w)*
*ḳn | pw nsw nb.(w) šny.t* 45
*špśś pw ḫwt̯ m śri̯.ww=f*
*čt̯=k mꜣꜥ.t m pr.(w)=k*
*śnč n=k | śri̯.ww nti.w ḥr tꜣ* 46
*mti n nb.(w) ꜥḳꜣ-ib*
*in ḫnti čč śnč n śꜣ*

---

6 M *nmꜥ=f n mry=f gꜣśw=f* [*n*] *nb.(w)* [*č*]*bꜣ.w*
9 *śri̯.ww=f* : E *śri̯.ww*

Merikare E 42-46

Mache deine Großen reich, damit sie deine Gesetze ausführen!
Wer reich in seinem Haushalt ist, ist nicht parteiisch.
Er ist ein Besitzender, der keine Not hat.
Ein Armer spricht nicht nach seiner *M3ʿ.t*.
Wer "hätt ich" sagt, ist nicht rechtschaffen.
Er ist parteiisch für den, der ihm Bestechung gibt[a)].
Groß ist der Fürst, dessen Fürsten groß sind[b)],
Stark ist der König, der Herr eines Hofstaats.
Vermögend ist, wer reich an seinen Fürsten ist.
Du sollst *M3ʿ.t* in deinem Haus sagen,
Damit dich die Fürsten, die das Land verwalten, respektieren.
Korrektheit eines Herrn ist Aufrichtigkeit des Herzens.
Das Innere flößt dem Äußeren Respekt ein[c)].

---

a) M formuliert ausführlicher "Er ist parteiisch für den, den er liebt und neigt sich dem zu, der Bestechung gibt". Mit POSENER 1963a, S. 304 und DONADONI 1968, S. 8 ist die kürzere Lesart von E als besser anzusehen. Das zeigt der Sinn, in dem das von M eingebrachte Kriterium der Liebe sich schlecht einfügt, das zeigen auch die bei KEES 1928, S. 76 f. gegebenen Zitate aus dem Mittleren Reich. Die sekundäre Lesart von M findet sich auch in der aus dem gleichen Fund stammenden sekundären Ptahhotep-Rezension L2, 7,3 (CAMINOS 1956, Pl. 29), wo statt [hieroglyphs] [*g3św*]*=f n* zu lesen ist (FISCHER-ELFERT 1988, S. 44).

b) Das Hieratische zeigt eindeutig *wr*, die damit erzielte vierfache Wortwiederholung ist aber dem hier angenommenen Chiasmus stilistisch so unterlegen, daß mir eine Emendation gerechtfertigt erscheint.

c) In der Übersetzung folge ich GARDINER 1914, S. 26 Anm. 5 und POSENER 1963a, S. 304. Für *ḫnti* als Bezeichnug des Hausinneren s. POSENER 1973, S. 133; LICHTHEIM 1988, Pl. IV, Z. 4, für *š3* als Bezeichnung des Äußeren SIMPSON 1974, Pl. 80, für die Opposition *ḫnti* : *š3* Stele des *Bki* Z. 7 (DRIOTON 1922, S. 548; VARILLE 1954, S. 131). Möglicherweise ist *ḫnti* hier speziell als Bezeichnung der inneren Räume des Palastes (QUIRKE 1990, S. 39-41) gemeint.

Merikare E 46-51

*irı̯ | m3ᶜ.t w3ḥ=k tp t3* 47
*ś:gr rmı̯.w m 3r.(w) ḫ3r.t*
*m nš.(w) si ḥr iḫ.t iti=f*
*m ḥč̣ı̯.(w) | śrı̯.ww ḥr nś.wt=śn* 48
*s3u̯.ti ḥr ḫśf m nf*
*m śḳr.(w) nn st 3ḫ.(w) n=k*
*ḫśf=k m ḥwy.w m s3u̯.ti⟨w⟩ |* 49
*iw t3 pn r grg ẖr=ś*
*wp.w [ḥr] śbi gmı̯ sḥ.w=f*
*iw nčr rḫ.w ẖ3k.w-ib |* 50
*ḥww nčr śč̣b.w=f ḥr snf*
*in sfn.w [..] ᶜḥᶜ.w*
*m śm3.(w) si iw=k rḫ.ti 3ḫ.w=f |* 51
*p3u̯.n=k ḥśı̯.t sẖ3.w ḥnᶜ=f*

---

11 *śč̣b.w=f* : M *śč̣b.w*
14 *ḥśı̯.t* : E *ḥśı̯*

Merikare E 46-51

Tue die *M3ꜥ.t*, damit du auf Erden dauerst!
Stille den Weinenden, bedränge die Witwe nicht!
Verdränge den Sohn nicht vom Besitz seines Vaters!
Schädige die Fürsten nicht an ihren Stellungen!
Hüte dich vor ungerechter Bestrafung!
Richte nicht hin, wenn es nicht nützlich für dich ist[a]!
Bestrafe durch Schläger und durch Wächter.
Dieses Land wird dadurch wohlbegründet sein,
Abgesehen vom Rebellen, der seine Pläne ersonnen hat[b].
Gott kennt die Aufsässigen.
Gott verdammt ihn wegen der Blut(schuld)[c].
Der Milde ... Lebenszeit.
Töte keinen Mann, wenn du seine Nützlichkeit kennst,
Nachdem du früher die Schriften mit ihm gesungen hast,

a) Ich wähle hier die bei GARDINER 1914, S. 26 Anm. 6 vorgeschlagene Auffassung als Umstandssatz. Das bei einer Auffassung als selbstständiger Satz entstehende generelle Tötungsverbot ist insbesondere wegen E 23 f. unbefriedigend.

b) Seit VOLTEN 1945, S. 23 und WESTENDORF 1953, S. 56 f. ist die passive Auffassung von *gmi̯* üblich geworden, die Beschränkung der Strafe auf Ertappte wäre aber eine Banalität, weshalb ich zur aktiven Auffassung von GARDINER 1914, S. 26 und FAULKNER 1972, S. 183 zurückkehre. Für ähnliche Formulierungen s. *bt3 nb bin nb i:gmi̯ ḥ3.ti=f r iri̯.t=w* " Jedes Verbrechen und jedes Böse, das sein Herz zu tun ersonnen hatte." (P. Rollin 3 f., P. Lee 1,6; 2,2).

c) Zu *ḥwi̯ śč̣b* s. KEES 1928; 1929; EDEL 1984a, S. 126. Nach P. Bremner-Rhind 27,25 gibt *ḥr* dabei den Strafgrund an, nicht etwa, wie alle Übersetzungen vermuten lassen, das Strafmaß.

*šṯı̯.(w) m ś:ip.w* [..] *ḥr nčr*
*wsčn rṯ m ś.t št3.t* | 52
*iww b3 r ś.t rḫ.*{*w*}⟨*t*⟩*n=f*
*n thı̯.n=f w3ı̯.wt=f n.t śf*
*n ḫśf.n św ḥk3.w nb*
*śpr=f r ç̌ç̌|.yw-mw=f* 53
*ç̌3ç̌3.wt wç̌ʿ ś3r.yw*
*rḫ.n=k tm=śn sfn.(w)*
*hrw.(w) pf nı̯ wç̌ʿ m|:3r.w* 54
*wn.wt n.t irı̯.t n.t-ʿ.w*
*ḳśn pw ś:rḫ.y m ś33*
*m mḥ.(w) ib=k m 3w.w rnp.wt* | 55
*m33=śn ʿḥʿ.w m wn.wt*
*spp si m-ḫt mni*
*rç̌ı̯.w sp.w=f r gs=f m ʿḥʿ.w* | 56

---

4 *thı̯.n=f* : M add. *r*
6 *ç̌ç̌.yw-mw=f* : M [*ç̌ç̌.yw n*]*=f mw*
14 *si* : E *śn* ; *mni* : E *mni.t*

Merikare E 51-56

Der aufgezogen wurde als einer, der zum ... beim Gott bestimmt war[a],
Mit freiem Schritt am verborgenen Ort.
Der *B3* kommt zu dem Ort, den er kennt,
Er weicht nicht ab von seinem gewohnten Weg.
Kein Zauber kann ihn abhalten.
Er gelangt zu seinen Wasserspendern[b].

---

Das Gericht, das die Bedrückten richtet,
Du weißt, daß sie nicht milde sind
An jenem Tag des Richtens der Bedrängten,
Der Stunde des Ausführens der Gewohnheiten.
Schlimm ist ein Ankläger als Wissender.
Vertraue nicht auf die Länge der Jahre.
Sie sehen die Lebenszeit in einem Augenblick an[c].
Ein Mensch bleibt nach dem Sterben übrig,
Nachdem[d] seine Taten als Endbetrag[e] neben ihn gelegt wurden.

a) Ich schließe mich POSENER 1963a, S. 304 an, dem auch FECHT 1991, S. 119 folgt. Der Versuch von BLUMENTHAL 1980, S. 9, die alte Auffassung "lies im Buch *śip*" wiederzubeleben, ist weniger befriedigend, da derart aufdringliche Zitateinführungen sehr ungewöhnlich sind. Zudem lautet die Buchbezeichnung korrekt nicht *ś:ipw*, sondern *ś:ip.ti* (REDFORD 1981, S. 92 ff., wo die vorliegende Stelle falsch aufgefaßt wird.). Die Darstellung von SCHOTT 1990, S. 343 f. ist unbefriedigend, da verschiedene Begriffe zusammengeworfen werden, die teilweise durchaus keine Buchtitel sind.

b) Die zuletzt von HELCK 1977, S. 30 und BURKARD 1977, S. 155 f. vorgenomme Emendation von E ist unnötig, sofern man *ḏḏ.y-mw* als univerbierten Ausdruck ansieht, der das Suffix am zweiten Glied nimmt (ähnlich *tꜣ-ḥḏ=f* "sein Weißbrot"). M hat dann die rare Konstruktion grammatisch vereinfacht.

c) In der Auffassung von *m wn.wt* folge ich D. MÜLLER 1967, S. 118.

d) *rḏi̯.w* als passives *śḏm=f* ist vorzeitig zum Hauptsatz (J. P. ALLEN 1984 § 498), von den bisherigen Bearbeitern hat dies nur SHISHA-HALEVY 1980, S. 196 korrekt wiedergegeben.

e) Zum Verständnis von *ꜥḥꜥ.w* s. ASSMANN 1975, S. 12.

Merikare E 56-59

*nḥḥ pw gr.t wn⟨n⟩ im*
*wḫ3 pw ir̯ı čsı̯.t=śt*
*ir pḥ śt nn ir̯ı.t iw*
*wnn=f im mi nčr*
*ẉ|sčn.w mi nb.(w)w {r} nḥḥ* 57
*čsı̯ ç̌3m.w mry čw ẖn.w*
*ś:ᶜš3 mr.w=k m šw.t |* 58
*m=k nˀ.t=k mḥ.ti ẖr ś:rţ m3ı̯*
*rnp.t 20 n3 ç̌3m.w nç̌m.(w) ḥr šmśı̯ ib=f*
*šw.t ḥr | [p]rı̯.[t] ḥr śn.nw.t=ś* 59

---

2 *ir̯ı* : M *irr* ; *čsı̯.t=śt* : E *čsı̯=śt*
6 *ç̌3m.w* : E *ç̌3m.w=k*
8 *m3ı̯* : M *m:3(r)*

Merikare E 56-59

Die Ewigkeit ist doch die Existenz[a] dort.
Ein Tor ist, wer macht, was man tadeln wird[b].
Wer es aber erreicht, ohne Böses zu tun,
Der wird dort sein wie ein Gott,
Frei schreitend wie die Herren der Ewigkeit[c].

---

Hebe Rekruten aus, damit dich die Residenz liebt,
Mache deine Parteigänger zahlreich unter den aktiven Soldaten (?)[d].
Siehe, deine Stadt ist voll von jungem Nachwuchs[e].
20 Jahre sind es, daß die Jugend sich vergnügt,
  indem sie ihrem Herzen folgt.
Die Aktiven (?) kommen aufs neue heraus.

a) Die allen Übersetzungen implizite, aber nur bei FECHT 1972, S. 223 explizit durchgeführte Emendation zu *wnn* wird durch Urk. IV 164, 15 gesichert.

b) Ich folge im Wesentlichen FECHT 1958, S. 26. Die weitergehenden Emendationen von FECHT 1972, S. 223 halte ich für überflüssig. Das hier als Suffix an der Relativform gebrauchte *śt* findet sich ähnlich auch E 85, scheint also den Abschreibern der 18. Dynastie als korrekt gegolten zu haben. Seine Ursprünglichkeit ist dennoch sehr zweifelhaft.

c) Zur Schreibung von *r nḥḥ* für einfaches *nḥḥ* s. Fecht 1960, S. 222.

d) Die Bedeutung von *šw.t* ist schwer zu fassen. HELCKS (1977, S. 35) "Ausgediente" und "Dienstentlassung" ist mit den sonstigen Belegen nicht zu vereinbaren, denen ich noch einige weitere, allerdings unsichere, hinzufügen kann: TPPI § 17, 3 (abweichend HODJASH/BERLEV 1982, S. 64 f. Anm. 1); Stele des *Mrr* Krakau MNK-XI-999, Z. 6 (ČERNÝ 1961; zum Verständnis zuletzt - abweichend - JANSEN-WINKELN 1988, S. 205 ff.); P. Berlin 10 038 r. 1 (LUFT 1984, S. 111); Edfu VI, 128, 7 (ließ *ś[k !] šw.t=śn* ?). Am wahrscheinlichsten ist in allen Belegen, daß es sich um helfende bzw. unterstützende Personen handelt.

e) Zu *ś:rṯ m3ṯ* s. POSENER 1973, S. 132. E hat die korrekte Orthographie, während M unter dem Einfluß des vorausgehenden *ś:rṯ* das [Hieroglyphe] noch einmal wiederholt.

Merikare E 59-64

*ś:ᶜḳ.y ḥr ᶜḳ n=f m ẖrṭ.w*
..........
*in is.wt ᶜḥ3.y n=n*
*č3s|.tn=i im=ś m ḫᶜi̯.t=i* 60
*ś:ᶜ3 wr.w=k ś:ḫnti [..]=k*
*imi̯ ḥ3.w ḥr ç3m.w ni̯ | [šm]śi̯.w=k* 61
*ᶜpr.(w) m rḫ.t*
*mni.w m 3ḥ.wt*
*ś3ḥ.w m mnmn.t*
*m čni̯{t}.(w) s3 si r n|[çś]* 62
*ini̯ n=k si ḥr rᵓ-ᶜ.wi=fi*
*iri̯.tw ḥmw.t nb.t r [..] n nb.(w) ḫpš*
*mki̯ {ḥr} t3š=k | č3s mn.w=k* 63
*3ḫ č3s.t n nb.(w)=ś*
*iri̯ mn.w [..] n nčr*
*ś:ᶜnḫ rn pw n irr śi*
*iri̯ si | 3ḫ.wt n b3{.w}=f* 64
*wᶜb.t 3bṭ šsp ḥç.ti*

---

3 *is.wt* : E *isf.t*
4 *č3s.tn=i* : E *č3s.n=i*

Merikare E 59-64

Die Einberufenen (?) treten ein ...[a]
..........[b]
Es sind die Veteranen, die für uns kämpfen,
Über die ich Befehl hatte[c] bei meiner Thronbesteigung.
Mache deine Großen bedeutend, befördere deine ...
Vermehre die Rekruten deines Gefolges,
Ausgestattet mit Ländereien,
Beschenkt mit Feldern,
Belehnt mit Vieh.

---

Unterscheide nicht zwischen dem Wohlgeborenen und dem Geringen.
Hole dir einen Mann wegen seiner Fähigkeit,
Damit alle Handwerke betrieben werden für ... des Herrn der Kraft.
Schütze deine Grenze, erbaue deine Festungen.
Nützlich ist eine Truppe für ihren Herrn.
Baue ... Denkmäler für den Gott!
Das ist eine Namenserhaltung für den, der es tut.
Ein Mann soll tun, was für seinen *B3* nützlich ist:
Den Priesterdienst des Monats, Ergreifen weißer Sandalen[d],

a) Die Übersetzung "Familienvater" (VOLTEN 1945, S. 31; FAULKNER 1962, S. 215) beruht auf einem falschen Verständnis von Siut V,2 (FRANKE 1983, S. 213, zur Siutstelle noch SCHENKEL 1978, S. 30; LICHTHEIM 1988, S. 28).

b) Die Passage ist in der Handschrift verderbt und nicht sinnvoll lesbar. Die Deutung von HELCK 1977, S. 35 ist unsicher.

c) Die Orthographie von M zeigt, daß hier *č3s* vorliegt, vermutlich in der Bedeutung von WB IV, 402, 7 f.

d) Ich fasse den Text mit HELCK 1977, S. 31 als Folge von Infinitiven auf. FECHT 1991, S. 123, der Imperative übersetzt, übersieht, daß dieser Abschnitt generalisierend an den "Mann" gerichtet ist. Bei einer Deutung als Imperative wäre das *w*$^{c}$*b.t 3bṯ* nur gezwungen unterzubringen. Die betonte Voranstellung, die BURKARD 1977, S. 306 annimmt, würde bei seiner Übersetzung "Für den monatlichen Priesterdienst" noch eine Präposition erfordern, zudem ist eine derartige Voranstellung adverbialer Elemente sehr unüblich.

## Merikare E 64-68

*ẖnm rʾ-pr.(w) kfi̯ {ḥr} sšt3.w*
*ʿḳ | ḥr ḫm* 65
*wnm tʾ m ḥw.t-nčr*
*ś:w3ç̌ {[illegible]} wi̯⟨ḥ⟩.w ś:ʿ3 ʿḳ+w.(w)w*
*imi̯ ḥ3.w ḥr mn.yt |* 66
*3ḫ.t pw n irr śi*
*ś:rwç̌ mn.w=k ḫft wśr=k*
*iw hrw.w wʿ.(w) ç̌i̯=f n nḥḥ*
*wn.wt | ś:mnḫ=ś n m-ḫt* 67
*rḫ.n nčr m irr.w n=f*
*sbi̯ twt.w=k r ḫ3ś.t w3y.t*
*iw.t{i}⟨t⟩ ç̌ç̌=śn ś:ḥwi | iri̯* 68
*iw mr wšš iḫ.t-ḫrw.y*
*n ḳbb.n ḫrw.y m ẖn.w km.t*

Merikare E 64-68

Betreten des Tempels, Enthüllen des Verborgenen[a)],
Eintreten ins Heiligtum,
Brotessen im Tempel.

---

Statte die Opfertische reich aus, mache die Brote zahlreich!
Vermehre das tägliche Opfer[b)]!
Das ist etwas Nützliches für den, der es tut.
Erhalte deine Bauwerke entsprechend deinem Vermögen!
Ein einziger Tag gibt für die Ewigkeit,
Eine Stunde macht vortrefflich für die Zukunft.
Den, der für ihn handelt, kennt Gott[c)].
Schicke deine Statuen[d)] in ein fernes Ausland (?),
Von dem man keine Zusammenstellung gibt (??).
Es leidet der, den Feindseligkeit (?) zerstört[e)].
Der Feind ist nicht ruhig im Innern Ägyptens.

---

a) Für *kfi̯* als Bestandteil von Ritualhandlungen s. P. Brooklyn 47.218.50 III, 5 f. (GOYON 1974). *ḥr* ist fehlerhaft vom nachfolgenden Satz verschleppt.

b) Die Form ohne anlautendes *i*, nach WB II, 66,1 erst spät belegt, findet sich in der Lautform *mn.wt* schon im Alten Reich (GOEDICKE 1967, S. 132 Anm. 20).

c) FECHT 1991, S. 124-125 basiert auf der alten Lesung statt des wahrscheinlichen

d) Nach E 108 liegt hier wohl eine Schreibung für *twt.w* "Statue" vor (OCKINGA 1984, S. 4 f.). Gegen BURKARD 1977, S. 20 kann ich die Orthographie nach ägyptischen Maßstäben nicht fehlerhaft finden. Die von HELCK 1977, S. 40 f. und BLUMENTHAL 1980, S. 12 angenommene Lesung des Abkürzungsstriches als *bꜣ.w* "Macht" ist unwahrscheinlich. Der Abschnitt dürfte im Sinne ägyptischen Statuenexports ins Ausland als diplomatisches Geschenk und Machtdemonstration (GIVEON 1981, MATTHIAE 1984) zu verstehen sein.

e) Zweifellos liegt hier transitives *wšš* "zerstören" vor (MEEKS 1981, S. 107, MEEKS 1982, S. 77). *iḫ.t-ḫrw.y* fasse ich als Kompositum auf, da *iḫ.t* in der konkreten Bedeutung "Sache, Ding" in der Handschrift stets die Pluralstriche erhält. FAULKNER 1972, S. 185 übersetzt "for he who destroys the goods of an enemy will suffer", was nicht ganz auszuschließen ist.

Merikare E 68-75

*iw ç̌3m.w | r 3r ç̌3m.w* 69
*mi śr.n tpi̯.w-ᶜ.w r=s*
*ᶜḥ3 r km.t | m ḫri̯-nčr* {[hieroglyph]} 70
*m ᶜç̌ is.wt m ᶜç̌.t sp.w*
*iw iri̯ n=i mi.tt ḫpr mi.tt*
*mi iri̯.t n | thi̯.n mi.tt m-ᶜ.w nčr* 71
*m bin ḥnᶜ ᶜ.w*{[hieroglyph]}*-rsi*
*iw=k rḫ.ti śr.⟨t⟩n ḫn.w r=ś |* 72
*ḫpr.n nf mi ḫpr.t nn*
*n thi̯.n=śn mi ç̌t=śn [r=ś]*
*ḥss=i čni mk|i (?)* 73
*t3š=ś rśi r t3 ....t*
*ič̌i̯.n=i śi mi gp ni̯ mw*
*n iri̯ śt | [..]-rᶜ.w* [m. ḫ.] 74
*sfn ḥr=ś n ḥn{n}.⟨t⟩ (?)*
*ś:ḥtp (?) [..]=ś wḥm ḫtm.w |* 75
*nn wᶜb rç̌i̯ ś:i̯g3=f*
*nfr iri̯.t n m-ḫt*

---

3 *r* : M om.

6 *n* : E add. [hieroglyph]

9 *ḫpr.t* : E *ḫpr*

Merikare E 68-75

Truppe[a)] wird Truppe bedrängen,
So wie die Ahnen darüber prophezeit haben.
Wer gegen Ägypten kämpft, verfällt dem Gott (??)[b)].
.....[c)]
Für mich wurde ebenso gehandelt[d)], als Gleiches geschah,
So wie durch Gott zugunsten dessen, den gleicher Frevel traf,
gehandelt wird[e)].
Sei also nicht in schlechtem Verhältnis zum Südgebiet[f)]!
Du weißt, was die Residenz darüber prophezeit hat[g)].
Jenes[h)] geschah ebenso, wie dieses geschah.
Sie weichen nicht ab, so wie sie [darüber][i)] gesagt haben.
Ich belohne Thinis und *Mḳi*[j)],
Seine südliche Grenze bis *T3* ....*t*[k)],
Nachdem ich es wie eine Sturmflut eingenommen hatte.
Das tat König ....-Re[l)] nicht.
Sei deshalb milde für die Angelegenheit[m)]!
Stelle seine [Bedürfnisse ?][n)] zufrieden, erneuere die Verträge.
Es gibt keinen Wasserstrom, der sich verbergen ließe.
Gut ist es, für die Zukunft zu handeln[o)].

---

a) Mit Lopez 1973, S. 181 ist *ḏ3m.w* als "Truppe" aufzufassen, nicht als "Generation".

b) Die ganze nachfolgende Passage gehört zu den schwierigsten des ganzen Werkes. Schwerere Textverderbnisse sind möglich und meine Übersetzung ist vielfach nicht mehr als ein Versuch, die Diskussion durch neue Vorschläge zu beleben. Eine Erörterung der Verständnisprobleme findet sich im Exkurs 1. Ich gehe davon aus, daß hier der tatsächliche Wortlaut der Prophezeihung vorliegt, deren Eintreten im folgenden anhand der tatsächlichen Ereignisse gezeigt wird. Zunächst möchte ich die allgemein nach der Lesart von M angenommene Übersetzung "Ägypten kämpft in der Nekropole" verwerfen. Ich konjiziere ein *ḫrỉ-nčr* "dem Gott unterwofen". Für den negativen Sinn von *ḫrỉ* s. POSENER 1976, S. 26; CAMINOS 1977, S. 17. Die konkrete Verbindung *ḫrỉ-nčr* liegt wahrscheinlich bei EDWARDS 1960, Pl. XXI, Z. 57 vor. Die Verschreibung in E wäre angesichts der größeren Häufigkeit von *ḫr.t-nčr* "Friedhof" verständlich.

c) Ist mein allgemeines Verständnis der Passage richtig, so wird hier am ehesten ein antithetischer Parallelismus zum vorhergehenden Satz gestanden haben, ich sehe aber keine überzeugende Möglichkeit. Bisherige Übersetzungen sind unbefriedigend. Die Auffassung von *m* *ꜥḏ* als verneinter Imperativ (GARDINER 1914, S. 28; SCHARFF 1936, S. 18; VOLTEN 1945, S. 37-38; FAULKNER 1972, S. 184; LOPEZ 1973, S. 181; BLUMENTHAL 1980, S. 12; BRUNNER 1988, S. 147) ist sprachlich möglich, aber inhaltlich unbefriedigend, weil die Aufforderungen an den Sohn erst später im Abschnitt beginnen. Die Auffassung als Präposition *m* mit Infinitiv (ERMAN 1923, S. 114; WILSON 1950; S. 416; LICHTHEIM 1973, S. 102) ist inhaltlich eher denkbar, aber diese Konstruktion ist nur bei Bewegungsverben üblich, hier würde man statt *m* vielmehr *ḥr* erwarten. Ferner kann *ꜥḏ.t* mit einem abweichenden Determinativ kaum dasselbe wie das vorausgehende *ꜥḏ* bedeuten. Die auf VOLTEN 1945, S. 38 zurückgehende Emendation von *sp.w* zu *sp 2* ist ganz unwahrscheinlich und nicht einmal *is.wt* kann ohne Emendation für das allgemein angenommene "Gräber" stehen. FAULKNER 1972, S. 185 übersetzt es als "old buildings", was freilich ein Hapax wäre. Da ich keine mich selbst befriedigende Übersetzung finden kann, ziehe ich es vor, den Satz unübersetzt zu lassen.

d) Sofern meine obigen Überlegungen stimmen, muß hier passives *šḏm=f* vorliegen, nicht das üblicherweise angenommene "ich tat ebenso".

e) Von den bisherigen Übersetzungen ist die von POSENER bei LOPEZ 1973, S. 182 am besten geeignet, dem überlieferten Text gerecht zu werden. Das [hieroglyph] in E ist fehlerhaft von E 72 verschleppt. Ferner ist zu beachten, daß *iṛ n* "handeln zugunsten von" heißt. Folglich ist der Sprecher derjenige, der vom göttlichen Eingriff profitiert, nicht etwa, wie allgemein angenommen, sein Opfer. Demzufolge fasse ich auch *tḥi̯.n* als Relativform auf. Die bei SCHARFF 1936, S. 22 und LOPEZ 1973, S, 182 ausgesprochene Annahme, *n mi.tt* stehe für *m mi.tt*, ist unwahrscheinlich, da die Präposition *m* vor Labialen stets *m* bleibt und nicht zu *n* wird.

f) Das Determinativ [hieroglyph] ist von *tpi̯.w-ꜥ.w* verschleppt und zu streichen.

g) Da ein Substantiv *šr* "Prophezeihung" nicht belegt ist, ziehe ich es vor, eine Relativform anzunehmen. Die für den neutrischen Bezug angebrachte Femininendung *t* fehlt in der Handschrift auch sonst öfters.

h) *nf* "jenes" ist wegen des nachfolgenden *nn* "dieses" wahrscheinlicher als das etwa von LOPEZ 1973, S. 182 und BURKARD 1977, S. 258 angenommene *n=f* "für es".

i) Zur Ergänzung s. LOPEZ 1973, S. 182.

j) Die Auffassung als Ortsname (SCHARFF 1936, S. 18; VOLTEN 1945, S. 37), obgleich nicht sicher, wird dem Text am ehesten gerecht. Die Lesung *m ᶜḳ3* "als Gerechter" (LOPEZ 1973, S. 182 f.) bzw. "gegenüber" (HELCK 1977, S. 44) ist nicht möglich, da das Determinativ der Wurfstock ist, nicht der im Hieratischen wesentlich anders aussehende Finger. Mit LOPEZ halte ich am überlieferten *ḥss* in der Bedeutung "begünstigen" fest. Die auf VOLTEN 1945, S. 38 zurückgehende Emendation zu *ḥsḭ.n=i* "ich bedrängte" ist zweifelhaft, zumal es sich nicht nur um eine Veränderung des Determinativs, sondern auch des Tempus handelt.

k) Zur Frage der Lesung s. LOPEZ 1973, S. 183. Der Abkürzungsstrich vertritt sicher eine schwer zeichenbare Form. Da kein Zeichen in Frage kommt, das durch *t3* komplementiert werden könnte, ist *t3* wohl Demonstrativum/ Artikel. Welcher Ort tatsächlich gemeint ist, bleibt unsicher. Ausgeschlossen ist der Versuch von HELCK 1977, S. 44, zu *in.t* "Tal" zu emendieren. Paläographisch ist dies nicht einmal bei der von ihm gebotenen, für das MR eher atypischen Schreibung des "Fisches" in Sinuhe B naheliegend. Inhaltlich übersieht HELCK, daß das "Tal", das er meint, korrekt "Tal des *Ḥsi*" heißt und zudem im 10. Gau liegt (SCHENKEL 1965, S. 93, GOMAA 1980, S. 151, GOMAA 1986, S. 217).

l) Zum Problem der Lesung des Königsnamens s. LOPEZ 1973, S. 185 ff.

m) Eine zweifelhafte, freilich vom Sinn her tragfähige Emendation. Die übliche Emendation zu "in Ewigkeit" ist keineswegs besser.

n) Die Übersetzung hängt hier wesentlich von Lesung und Ergänzung ab. Ich halte *ś:ḥtp* [*ẖr.t*]=*ś* für möglich. *ś:wtf* [*św ẖr*] (HELCK 1977, S. 45) ist unwahrscheinlich, da vom *f* Spuren sichtbar sein müßten und zudem der Absatz eines unbelegten *ś:wḥm* erforderlich wäre.

o) Die beiden letzten Sätze tauchen ähnlich auch E 126 auf. An einer der beiden Stellen könnten sie sekundär sein.

Merikare E 75-79

*nfr.w n=k ḥnʿ ʿ.w rśi*  
*iww n=k ẖr|i̯.w-g(3)w.t ẖr ini̯.w* 76  
*iw iri̯.n=i mi.tt n tpi̯.w-ʿ.w*  
*nn iti=f č̣i̯.f św*  
*i3|m n=k n gnn{w}=śn n=k* 77  
*ś3i̯.w.tw (?) m tʾ=k ḥnḳ.t=k*  
*iww n=k m3č | nn šnʿ.w* 78  
*m ḥč̣i̯.(w) mn.w n ki.i*  
*wḥ3=k inr m rʾ-3w*  
*m ḳṭ.(w) | is=k m ś:ẖnyṭ iry.t r irr.ti-śi* 79  
*m=k nsw nb.(w) 3w.t-ib*

---

10 *ś:ẖny.t* : M *ś:ẖnn*[...]

Merikare E 75-79

Gut[a] steht es für dich mit dem Südgebiet.
Zu dir kommen die Bündelträger mit Lieferungen.
Ich handelte ebenso für die Vorfahren[b],
wenn es kein Getreide hatte, das es geben könnte.
Angenehm[c] ist es für dich, weil sie dir unterlegen sind.
Von deinem Brot und Bier wird man sich sättigen[d].
Ohne Behinderung kommt der Granit zu dir.
Zerstöre also nicht das Monument eines anderen,
Sondern du sollst Stein in Tura brechen.
Baue dein Grab nicht aus dem Abriß des Gebauten
    für das, was gebaut werden soll[e].
Siehe, König, Herr der Herzensfreude,

a) Angesichts des ausgeschriebenen *w* kann hier nur ein Partizip vorliegen. Der zuletzt von BLUMENTHAL 1980, S. 13 und BRUNNER 1988, S. 147 angenommene Imperativ ist nicht möglich.

b) Da *mi.tt* feminin ist, muß *n* die Präposition sein. Die Auffassung von LORTON 1968, S. 51 "The like was done for me by (<*i*>*n*) the predecessors" ist nicht gänzlich auszuschließen, aber sehr unwahrscheinlich.

c) In Parallele zu *nfr.w n=k* übersetze ich auch hier als Partizip.

d) Sofern die Schreibung der Handschrift korrekt ist, muß prospektives *śḉm.w=f* vorliegen. Ich schließe aber nicht aus, daß ein Imperativ *s3i̱ čw* "sättige dich" anzunehmen ist.

e) Übersetzung nach POSENER 1964, S. 306; BJÖRKMANN 1971, S. 16 f. Parallelen (Zum Teil zitiert bei BLUMENTHAL 1980, S. 13 Anm. 97, ferner GARDINER 1946, Pl. VI, Z. 38, Sesostris-Inschrift aus Tôd Z. 27 (s. S. 128 f.)) zeigen, daß die übliche Versabtrennung zwischen *ś:ẖny.t* und *iry.t* nicht angebracht ist. Sofern die Orthographie der Handschrift verläßlich ist, muß das passive *śḉm.ti=fi* (WESTENDORF 1953, S. 137 f.) im Gegensatz zum aktiven mit Geminierung angesetzt werden, die bei EDEL 1955/64 § 682 aufgeführten Fälle sprechen jedoch dagegen.

Merikare E 79-86

*śf{n}|3=k ḳṯı̱=k m ḫpš=k* 80
*šmśı̱.w ib=k m irı̱.tn=i*
*nn ḫrw.y m ḳ3b t|3š=k nb* 81
*ᶜḥᶜ.n⟨=i⟩ ᶜḥᶜ{=i} nb.(w) m n ͗.t=i*
*ib=f ḥčı̱.(w) m-ᶜ.w t3-mḥ.w*
*ḥw.t {šn.w} ⟨nh.t⟩ r=ś m b3.⟨w⟩ ḳ(3ı̱).⟨w⟩ |* 82
*t3š=ś rśi [r] ᶜ3č̣.wi*
*ś:ḥtp.n=i imn.tt mi ḳṯ=ś*
*r mn m pṯś.wt n(w).t ši*
*b3k|=ś n=ś č̣č̣=ś mr.[w]* 83
*m33.tw wᶜn č̣č̣=śn n=n św*
*i3b.tt m ḫwṯ pč̣.t |* 84
*b3k.w=śn ḥr [..]*
*ᶜnw čw iw.w-ḥrı̱-ib*
*si nb m ḳ3b=f*
*gs.w-pr.(w) ḥr wr tr|i čw r=i* 85
*m=k [t3] ḥčı̱.n=śt irı̱.w m sp3.wt*
*n ͗.t nb.t wr.t [..]*
*ḥḳ3.t n.t wᶜ.w | m-ᶜ.w si 10* 86
*irı̱.w śrı̱.(w) nḥb.w m b3k.w*
*rḫ.w m ḥtr.w nb*
*wn wᶜb nḥb.w m ᶜḥ.t*

---

3 *nb* : E om.
4 M *ᶜḥᶜ ᶜḥ*[ᶜ]*.i* [...]
5 *ḥčı̱.(w)* : DM 1476 *wč̣*[...]
6 *ḳ(3ı̱).⟨w⟩* : M [..ᶜ]*ḳ3*
7 *t3š=ś* : E *t3š.t śt*
8 *ś:ḥtp.n=i* : DM 1476 add. *n=*[...]
9 *r mn m* : E *r mn*
10 *b3k=ś* : E *b3k=śn*
11 *n=n* : M om.
19 *wᶜ.w* : E *wᶜı̱.t(i)*
21 *rḫ.w* : E *rḫ.t*

Du wirst träge sein und in deiner Stärke schlafen können[a].
Folge[b] deinem Herzen infolge dessen, was ich getan habe.
Es gibt keinen Feind im Inneren all deiner Grenzen[c].

---

In einem Aufstehen erhob ich mich[d], der Herr in der Stadt,
Dessen Herz bekümmert war durch das Delta,
*Ḥw.t-nh.t* nämlich bis zu den hohen Hügeln (?),
seine (?) südliche Grenze bis zum Zwei-Fische-Kanal[e].
Ich machte den ganzen Westen friedlich[f]
Bis zu den Flachländern der See.
Es arbeitet für sich – es gibt Zedernholz.
Man sieht Wachholder – sie geben ihn uns[g].
Der Osten profitiert (?) vom Barbarenvolk[h].
Ihre Abgaben [treffen ein ?][i].
Das Mittelgebiet kommt zurück zu dir (?)[j]
Und jedermann in seinem Inneren.
Die Distrikte sagen: "Größer bist du doch als ich"[k].

---

Siehe, [das Land], das man verwüstet hatte, wurde[l]
    zu Gauen gemacht.
Jede große Stadt ist [neubegründet ?][m]
Die Herrschaft von einem ist jetzt bei 10 Männern.
Ein Beamter ist eingesetzt, versehen mit Abgaben[n],
Kundig[o] in jeder Steuer.
Der Freie (?)[p] wurde[q] mit einem Acker versehen

a) Es liegt die futurische Konstruktion *m=k + sḏm=f* vor, die durch eine eingeschobene Anrede erweitert ist. *śfnȝ* ist mit BLUMENTHAL 1970, S. 274 und WARD 1971, S. 25 Anm. 92 als *śfȝ* zu verstehen, zur Bedeutung s. POSENER 1976, S. 29 sowie CT VII 293 c, 501 c.

b) Das *w* ist schwer zu erklären. Entweder ist es in *k* zu emendieren, dann wird die Konstruktion der vorherigen Sätze weitergeführt, oder, wenn ein Imperativ vorliegt, muß das Verb als 4tae *u̯* statt als 4tae *i̯* angesetzt werden.

c) Obgleich ich die Lesart von M vorgezogen habe, schließe ich nicht aus, das *nb* sekundärer Zusatz ist.

d) Unter Berufung auf M wird gerne (zuletzt BRUNNER 1988, S. 148) in der 3. Person übersetzt, da der Kotext aber vor- und nachher die 1. Person gebraucht, ist das unwahrscheinlich. Jedoch ist der Text von E nicht korrekt überliefert. Eine *ᶜḥᶜ.n*-Konstruktion kann nicht vorliegen, da keine narrative Passage vorausgeht, an die sie sich anschließen könnte (WARD 1971, S. 25 Anm. 94). Ich deute das zweite *ᶜḥᶜ* als Komplementsinfinitiv. Die fehlerhafte Setzung des 𓀀 wäre aufgrund der Seltenheit dieser Konstruktion verständlich, besonders wenn in einer älteren Vorlage die 1. Prs. Singular nicht ausgeschrieben war.

e) Die Identifizierung der hier genannten Ortsnamen ist problematisch (GOMAA 1987, S. 72 f.). Sicher ist nur *ᶜ3ḏ.wi* (Lesung EDEL 1990) im 2. unterägyptischen Gau, das hier die Südgrenze des Deltas angeben dürfte. Für die beiden anderen Orte ist es deshalb am naheliegendsten, in ihnen die West- und Ostenden des Deltas zu sehen. Dabei ist *Ḥw.t-šnw* vielleicht Fehler für *Ḥw.t-nḫt* im 7. Oberägyptischen Gau. Der andere Ort kann kaum, wie bisher üblich, als *Śmb3ḳ/Śb3ḳ* gelesen werden, da das *ḳ* nach dem Determinativ 𓀠 Kurzschreibung für *ḳ3i* "hoch" ist. Ich nehme eine Korruption von *b3.w* "Hügel" (SCHENKEL 1965, S. 284 Anm. i)) an. Da die *b3.w*-Hügel offenbar im Osten Ägyptens lagen, würde das zur obigen These passen. Wegen der erheblichen Emendationen sowie der nicht mehr rekonstruierbaren, aber weit abweichenden Lesart von M sollte man aber mit weiteren Schlüssen aus diesen Lokalisierungen vorsichtig sein.

f) WARD 1971, S. 26 Anm 98 will ein passives *śḏm=f* verstehen. Das ist zwar nicht unmöglich, sofern man nicht die Lesart von DM 1476 vorzieht, die offenbar zu *[ś]:ḥtp.n=i n=[i]* zu ergänzen ist, seine tatsächliche Übersetzung "The entire West is friendly towards me" wäre aber das präsentische Aktiv eines intransitiven Verbs. Tatsächlich sind die von ihm damit verbunden Verständnisfragen von der grammatischen Analyse unabhängig und beruhen lediglich auf der genauen Bedeutung, die man dem "Befrieden" gibt.

g) Es liegen zwei Wechselsätze hintereinander vor (SHISHA-HALEVY 1980, S. 197).

h) Dieser Satz ist bisher immer als "Der Osten ist reich an Barbaren" übersetzt und als Beleg für noch bestehende Asiatenherrschaft im Ostdelta verstanden worden. Jedoch erwähnt E 88 ff. Grenzsicherungen bis zum Horusweg, was diese Annahme unmöglich macht, auch E 80 f. "Es gibt keinen Feind im Inneren all deiner Grenzen" wäre mit Asiatenherrschaft im Ostdelta nicht zu vereinbaren. Auch sprachlich ist diese Übersetzung nicht möglich. Zunächst bezeichnet *ḫwṯ* "reich sein" immer einen positiv verstandenen Reichtum, kann also kaum für einen ganz unerwünschten "Reichtum" an Asiaten gebraucht sein. Zudem müßte "Der Osten ist reich an Barbaren" ägyptisch *i3b.tt ḫwṯ.ti m pḏ.t* heißen, da *ḫwṯ* mit *m* konstruiert wird. Der in den Handschriften überlieferte Text kann nur als "Der Osten ist im Reichtum der Asiaten" übersetzt werden, was ich so verstehe, daß der Osten aus der Kriegsbeute siegreicher Kämpfe gegen die Asiaten, von denen E 96 f. berichtet, Reichtümer gewinnt.

i) Die Ergänzung *ᶜḳ* nach HELCK 1977, S. 50. Allerdings ergänzt VOLTEN 1945, S. 42 "fehlen uns".

j) Bedeutung und Form von *ᶜnw* sind unklar. Bisherige Vorschläge sind: "Abgewendet sind" (SCHARFF 1936, S.19), "Lasse du ... zurückkehren" (VOLTEN 1945, S. 42), "Turned about are" (WILSON 1950, S. 416), "... is topsy-turvy" (WARD 1971, S. 27), "... is turned about" (LICHTHEIM 1973, S. 103), "Man brachte ... zurück" (HELCK 1977, S. 51), "Man hat ... zurückgebracht" (BRUNNER 1988, S. 148). Was "abgewendet" sachlich bedeuten sollte, verstehe ich nicht. Daß man Gebiete "zurückbringt", entspricht nicht der ägyptischen Idiomatik, zudem kann *ᶜnw* kein Vergangenheitstempus sein. Ich fasse es versuchsweise als Partizip auf.

k) Mit EDEL 1955/64 § 842 Anm. 1 und POSENER 1964, S. 306 deute ich *tr* als Partikel.

l) WARD 1971, S. 21 Anm. 105 will prospektives Passiv lesen. Da hier aber eindeutig Nomen + Pseudopartizip vorliegt, ist das unmöglich. Zur zweifelhaften Form *śt* "man" s. den Kommentar zu E 56.

m) In der Lücke ist eventuell *grg.ti* zu ergänzen.

n) Die durch die Fragmente von M zu füllende Lücke ist bisher, auch bei HELCK 1977, S. 51, falsch ergänzt worden. WARD 1971, S. 21 will erneut prospektiv übersetzen. Das ist hier möglich, aber in einem Kotext von lauter Vergangenheitsformen nicht sinnvoll.

o) Ich folge hier M, das offenbar Pseudopartizip bietet, während E *rḫ.t* "Liste" liest.

p) Hier und in E 101 wird *wᶜb* nicht als "Priester" sondern als "Freier" aufgefaßt, zur Diskussion s. WARD 1971, S. 28 Anm. 109.

q) *wn* ist der Vergangenheitskonverter. Es zur Schreibung für futurisches *wnn* zu erklären (WARD 1971, S. 28 Anm. 110) oder konditional zu übersetzen (LICHTHEIM 1973, S. 103, HELCK 1977, S. 52), ist unmöglich.

Merikare E 86-91

*b3k.(w) n=k mi č3s.t* | *wʿı̯.t* 87
*nn ḫpr ẖ3k.w-ib pw mm(i)*
*nn mn n=k ḥʿpi tm=f iwı̯.(w)*
*b3k.wt* | *m-ʿ.w=k n.t t3-mḥ.w* 88
*m=k ḥwı̯ mni.t m w* { [hieroglyph] } ⟨[hieroglyph] ı⟩ *irı̯.n=i ḥr i3b.tt*
*r-ç̌r.w* {*ḥ*}*bn.w r* | *w3ı̯.t-ḥr.w* 89
*grg.w m nʾ.wt mḥ.(w) m rmč.w*
*m śtp.w*⟨*t*⟩ {*pw*} *n.t t3 r-ç̌r=f*
*r ḫśf ʿ.* |*wi im=śn* 90
*m3*{*3*}*=i ḳn snı̯=f r=ś*
*irı̯*{*.n*}*=f ḥ3.w ḥr irı̯.tn=i*
*3f.t m-ʿ.w iwʿ.w* | *ẖsi* 91

---

2 *pw* : M om.
4 *b3k.wt* : E *b3k*
6 *r-ç̌r.w* : E *ç̌r.w*
12 *iwʿ.w* : C *iwʿ.t=i*

Merikare E 86-91

Und dir wie eine Arbeitstruppe dienstbar gemacht.
So kommt es, daß keine Aufsässigen darunter entstehen werden[a].
Nicht wird für dich schlimmm sein,
    daß eine Überschwemmung nicht kommt[b],
Denn die Abgaben des Deltas sind bei dir.
Siehe, der Landepflock ist eingeschlagen im Gebiet,
    das ich im Osten erwarb
Bis hin nach *Bn.w*[c] und zum Horus-Weg[d],
Begründet mit Städten, gefüllt mit Menschen
Von den Erlesensten des ganzen Landes
Um Angriffe von sich abzuwehren.
Möge ich einen Helden sehen[e], der es übertrifft,
Indem er mehr vollbringt[f], als ich getan habe.
Schande (??)[g] ist bei einem schwachen Erben.

---

a) Die Lesart von E mit *pw* ist ursprünglicher, da sie die seltenere Konstruktion ist. *mm* wurde von GARDINER 1957 § 205,1 als Schreibung für *im* "dort" erklärt, ist aber eher ein von *mm* "darunter" gebildetes Adverb.

b) Bei GARDINER 1957 § 347,3 wird für dieses sowie ein ähnliches Beispiel eine Verwendung von *tm* im Umstandssatz angenommen. Da aber die Annahme, daß *tm* substantivierte Formen negiert, eine Basis der Standard-Theorie ist, ziehe ich es vor, hier Objektsätze mit vorangezogenem Subjekt zu sehen.

c) Zur Diskussion über *Ḥbn.w* s. GOMAA 1987, S. 219 ff. Die Identifizierung mit dem unterägyptischen *Bn.w* ist einer Deutung als *Ḥbn.w* im 16. oberägyptischen Gau inhaltlich überlegen.

d) Der Singular statt des üblichen Plurals "Horus-Wege" findet sich auch bei HASSAN 1953, S. 49 Nr. 6.

e) Zur grammatisch bedeutungslosen Schreibung mit zwei *ꜣ* s. EDEL 1959b, S. 106 ff.

f) Mit BURKARD 1977, S. 157 halte ich die Emendation von *iri̯.n=f* zu *iri̯=f* für angebracht.

g) *ꜣf.t* ist sehr unklar, meine Übersetzung nur geraten.

Merikare E 91-94

*ç̌ṯ śwt n3 gr n pç̌.t*
*iś ʿ3m.w {ẖsi} ḳśn pw n bw nti=f im.*
*3h.w | m mw* 92
*št3.w m ḫt*
*ʿš3 w3i̯.wt iri̯*
*ḳśn.(w) m-ʿ.w ç̌w.w*
*n ḥmśi̯=f m ś.t wʿ.t*
*ś:tš|{w} ʿḳ+w.w rṯ.wi=fi* 93
*iw=f ḥr ʿḥ3 ç̌r rk ḥr.w*
*n ḳn.n=f n gr ḳn.⟨n⟩tw=f |* 94
*n śmi.n=f hrw.(w) m ʿḥ3*

---

3 *m* : E om.
7 *ś.t* : C [*ś*].*t=f*
8 : C *ś:št3 n g3.w ʿḳ+w.w m rṯ.wi=fi*
10 *gr* : C *gr.t*

Merikare E 91-94

Gesagt wird zwar wieder[a] vom Barbaren:
Wahrlich, der Asiat[b], er ist übel dran wegen des Ortes,
an dem er ist.
Mangelnd an Wasser,
Dürftig an Holz[c],
Zahlreich sind seine Wege,
Schlimm durch die Berge.
Er hat sich nicht an einem Platz niedergelassen,
weil die Nahrung(ssuche) seine Füße forttreibt[d].
Er ist am Kämpfen seit der Zeit des Horus.
Er siegt nicht, kann aber auch nicht besiegt werden[e].
Er meldet den Kampftag[f] nicht an,

a) Trotz der Ausführungen von LOPRIENO 1988, S. 23 Anm. 1 bezweifle ich, daß man hier ein passives *śç̌m=f* mit präsentischer Bedeutung annehmen kann. Ich ziehe es vor, einen *nfr-św*-Satz mit passivem Partizip anzunehmen. Diese Konstruktion findet sich im Merikare auch noch E 102 (*ś:mn*), E 128 (*šsp*) und E 130 (*ḥn*). Zur Verbindung *św* ... *św* und zu *gr* "wiederum" s. SEIBERT 1967, S. 90.

b) Mit SEIBERT 1967, S. 91 halte ich *ẖsi* "elend" für eine Textwucherung.

c) In der Abtrennung der Sätze folge ich LICHTHEIM 1973, S. 108 Anm. 14 und LOPRIENO 1988, S. 22.

d) Zur Lesung und Deutung s. POSENER 1950a S. 176 ff. Allerdings kann ich gegen seine Ansicht und LOPRIENO 1988 S. 23 Anm. 1 hier kein prospektives *śç̌m.w=f* akzeptieren, ich nehme eine Umstandsform an.

e) *ḳn.tw=f* ist sicher als *ḳn.n.tw=f* zu verstehen. Die Schreibung der Handschrift ist allerdings deshalb berechtigt, weil die beiden *n* wohl in der Aussprache nicht mehr durch einen Vokal getrennt waren und deshalb in der Schrift nur ein *n* zu erscheinen braucht (dazu EDEL 1955/64 § 532).

f) Möglicherweise kann *hrw.(w) m ꜥḥ3* auch ohne die übliche Emendation zu *hrw.(w) nỉ ꜥḥ3* "Kampftag" bedeuten.

Merikare E 94-96

*mi č3i̯ šnꜥ.n sm3.yt*
*ꜥnḫ=i śwt | wnn=i wn.kw* 95
*wn n3 pč̣.ti̯w r=f m inb*
*ḫtm.w=f wn.(w) č̣ṭḥ.(w) r=f |* 96
*iw č̣i̯.n=i ḥwi̯ śt t3-mḥ.w*

---

1 *šnꜥ.n* : M *šni̯ ꜥ.w ni̯*

2 *wnn=i* : C *wn=i*

3 *n3* : C om. ; *r=f* : E *=f* ; *m inb* : E *m minb.i m*

4 *ḫtm.w=f* : E *ḫtm.w=ś* ; *č̣ṭḥ.(w)* : E *č̣ṭḥ=i (??)* M *č̣ṭḥ*[...], C [...]*=i (?)*

Wie ein Räuber, den die Gemeinschaft ausgestoßen hat[a].

---

So wahr ich aber lebe und existierend bin[b]:
Es waren diese Barbaren in ...[c]
Dessen Festungen erobert oder von ihm abgeschnitten waren[d].
Ich ließ Unterägypten sie schlagen,

a) Dieser Vorschlag von SCHENKEL bei SEIBERT 1967, S. 94 ist die einfachste Lösung. Die Erstellung eines Mischtextes *šnᶜ ᶜ.w*, die BURKARD 1977, S. 158 und LOPRIENO 1988, S. 22 vornehmen, ist textkritisch unzulässig. Übrigens liegt an der Stelle Bauer B1, 61, die BURKARD und LOPRIENO über WB IV, 505,13 als Rechtfertigung für ein intransitives *šnᶜ* "scheuen" gebrauchen, die LICHTHEIM 1973, S. 108 Anm. 15 jedoch für ihre Übersetzung "to dart about" heranzieht, sicher der Plural eines passiven Partizips des transitiven *šnᶜ* "verscheuchen" vor.

b) Die Auffassung als Schwurformel (SCHARFF 1936, S. 26, ALT 1940/41, LICHTHEIM 1973, S. 104, BLUMENTHAL 1980, S. 15) wird dem Text am ehesten gerecht, die Übersetzung als Vergangenheit "Als ich lebte" (VOLTEN 1945, S. 50) ist grammatisch nicht zu rechtfertigen. Zur Kombination *wnn=i wn.kw* s. JANSEN-WINKELN 1985, S. 73 Anm. 24.

c) Die Lesarten beider Handschriften befriedigen wenig. E, das ein – zudem mit einem unerklärlichen 𓇋 versehenes – *minb* "Axt" gibt, denkt offenbar an "Sie waren (wie) eine Axt in der Festung", das nachfolgende wäre aber nicht sinnvoll anschließbar. C hat: "Sie waren in der Mauer", man erwartet aber eine Bezeichnung für das Deltagebiet oder einen Teil davon und ich bezweifle, daß "Mauer" dies bedeuten kann. Allenfalls möglich wäre die Annahme eines Wortes "Festungsgebiet", daß als *inb.t* tatsächlich belegt ist, jedoch bisher nur im nubischen Bereich gesichert scheint (EDEL 1976, S. 86-88).

d) Dieser Satz bietet – nicht zuletzt wegen paläographischer Probleme – große Schwierigkeiten. Den Schluß übersetzt POSENER 1976, S. 40 Anm. 22, dem ich ansonsten folge, als "[je les] en ai délogé". Da die Handlungen des Königs aber erst durch das nachfolgende *iw śḏm.n=f* eingeleitet werden, muß hier noch ein Teil der Zustandsbeschreibung vorliegen.

Merikare E 96-99

*ḥ3ḳ.n=i ẖri̯.w=śn nḥm.n=i mn[mn].t=ś|n* 97
*r bwy.t ᶜ3m.w r km.t*
*m rč̣i̯.(w) ib=k m-ś3=f*
*ᶜ3m pw msḥ ḥr | mry.t=f* 98
*ẖnp=f r w3i̯.t wᶜ.t*
*n ič̣i̯.n=f r ţmi ni̯ nʾ.t ᶜš3.t*
*šţi̯ | m:ţni.t r w=ś* 99
*ś:mḥi̯ gs=ś r km-wi*

---

1 : MC *ini̯.n=i ẖri̯.w=ś⟨n⟩ nḥm.n=i wnm.t=śn śm3.[n=i rmč].w im=śn*

4 *ᶜ3m* : E *ᶜ3m.w*

5 *ẖnp=f* : C *ẖrp=f*

6 *ni̯* : E om.

8 *r* : E om.

Merikare E 96-99

Ich plünderte ihre Einwohner, ich raubte ihr Vieh[a],
So daß die Verabscheuung des Asiaten gegen Ägypten ist[b].
Sei seinetwegen nicht besorgt.
Der Asiat ist das Krokodil auf seinem Ufer.
Er raubt vom einzelnen Weg,
Er greift nicht nach der Anlegestelle einer volkreichen Stadt[c].

---

Nimm *M:ṯni.t*[d] zu seinem Gebiet,
Bewässere seine Seite bis Athribis[e]!

a) Mit Posener 1950a, S. 178 f. ist die Lesart von M und C als Kontaminierung mit Sinuhe B 103 f. zu erklären.

b) In der grammatischen Analyse folge ich SEIBERT 1967, S. 80 d).

c) Die von SEIBERT 1967, S. 96 vorgebrachten Argumente für die Streichung von *nʾ.t* scheinen mir nicht ausreichend. Zudem kann *wꜥi̱.t* nach der Orthographie der Handschriften nicht als Pseudopartizip verstanden werden, da die Endung *ṯi* stets plene geschrieben wird.

d) Mit BAER bei LICHTHEIM 1973, S. 108 Anm. 16 ist die Lesung des Textes als *M:ṯni.t* (22. oberägyptischer Gau) allen Emendierungsvorschlägen zu Deich/Kanal überlegen. Allerdings wird *šṯ* als Imperativ aufzufassen sein, da der Text kein sicheres Beispiel für nicht eingebettetes passives *sḏm=f* enthält und ein Imperativ zu Beginn eines neuen Abschnittes generell einige Wahrscheinlichkeit hat.

e) Seit SCHARFF 1936, S. 31 Anm. 71 wird allgemein die Lesung von C "Timsah-See" vorgezogen, das ist aber kaum richtig. Inhaltlich ist, wenn man zuvor über den 22. Gau und anschließend über den memphitischen Raum spricht, die Lesung von E "Athribis" wahrscheinlicher. Auch die Stemmatik spricht für sie. In M ist zwar das Wort nicht erhalten, aber das Determinativ der Stadt eindeutig lesbar. Dieses Determinativ ist für Athribis normal, für den Timsah-See aber nicht belegt. Sofern M nicht noch eine dritte Variante geboten hat, ist damit "Athribis" für den Archetyp gesichert.

Merikare E 99-104

*m=k śi m ẖp(3) (?) ni̯ ḫ3ś.ti̯w |* 100
*inb.w=ś ꜥḥ3.w mšꜥ=ś ꜥš3.(w)*
*mr.w im=ś rḫ.w šsp ḫt*
*ḥr.w r | wꜥb ni̯ ẖn.w w* 101
*čč.w-ś.wt km=ś si 10 000*
*m nčś wꜥb nn b3k.w=f |* 102
*iw śri̯.ww im=ś čr rk ẖn.w*
*ś:mn t3š.w ḳn ḫnrt=ś*
*mḥ|.ti̯w ꜥš3.(w) ś:mḥi̯ n=i śi r t3-mḥ.w* 103
*b3k.w m iti m rʾ-ꜥ.w wꜥb*
*św3.t pw | ḥr=i n irr śt* 104
*m=k śt m ꜥ3 ni̯ t3-mḥ.w*

---

1 *m ẖp(3)* : C ; *ḫ3ś.ti̯w* : C *pč.ti̯w*
3 *ḫt* : E *ẖʾ.t*
4 *r* : E om.
6 *nčś* : E *nčś.w*
8 *rk* : E add. *r*
9 *n=i* : E om. ; *śi* : E *śt* ; *r* : E *r-ꜥ.w (?)*
11 *św3.t* : C *nmt.w (?)* ; *ḥr=i* : E *ḥr* ; *irr* : C *iri̯*
12 *ꜥ3* : E *ꜥ.wi* ; *ni̯* : E add. *n.t*

Siehe, es ist ein ...[a] der Ausländer.
Seine Mauern sind kampftüchtig, seine Armee ist zahlreich,
In ihm sind Hörige, die es verstehen, die Waffe zu gebrauchen,
Zusätzlich zu den Freien im Inneren des Bezirks[b].
*Č̣č̣.w-ś.wt* zählt 10 000 Mann
An Bürgern und Freien ohne Abgaben.
In ihm sind Beamte seit der Zeit der (alten) Residenz.
Die Grenzen sind befestigt, seine Festungen stark,
Zahlreich sind die Nördlichen, die es mir bis zum Delta bewässern,
Besteuert mit Getreide im Zustand von Freien.
Das ist ein mich Übertreffen für den, der es macht[c].
Siehe, es ist die Tür[d] des Deltas.

a) Die Lesarten der Handschriften sind unbefriedigend. In der Lesung von C hat SCHARFF 1936, S. 35 Anm. 72 ein sonst unbekanntes Wort für "Abwehr" vermutet, aber die Zeichenstellung in der Handschrift deutet daraufhin, daß der Schreiber selbst das Wort nicht verstanden hat, das Determinativ kann also nicht zur Bedeutungsbestimmung herangezogen werden. Die Lesung von E "Nabel der Asiaten" ist sachlich schwer verständlich. Die von POSENER 1956, S. 57 gegebene Erklärung beruht auf der Bevorzugung von "Timsah-See" und ist deshalb nicht möglich. Auch der Vorschlag von SHEA 1977, S. 35-37, "Nabel" im Sinne von "Lebenslinie" mit einem hypothetisch in diese Zeit datierten Kanal zum Roten Meer zu verbinden, ist unwahrscheinlich, zumal er auf der vielfach unkorrekten Übersetzung von WARD 1971, S. 30-31 beruht. Unter Berücksichtigung des vorausgehenden *ś:mḫi̯* "bewässern" könnte man versucht sein, *ẖp* mit dem Wort *š3p/ẖ3p* (SETHE 1928, S. 178 70b) in Zusammenhang zu bringen, ein überzeugender Sinn ist aber auch damit nicht zu erzielen.

b) Wörtlich "des Inneren des Bezirkes". Die generell übliche Satztrennung vor *w* ist unmöglich, da es dann *km=f* heißen müßte.

c) In der keineswegs sicheren Übersetzung folge ich POSENER 1950a S. 179 f.

d) Für die Ursprünglichkeit der Lesart von C s. BURKARD 1977, S. 211.

Merikare E 104-107

*iri̯.n=śn ṯni.t r | nn-nsw* 105
*mti-ib pw nʾ.ti̯w ꜥšꜣ.w*
*sꜣw pẖr m mr.w ni̯ ḫrw.y |* 106
*iw sꜣw.t ś:nḫḫ=ś rnp.wt*
*ś:ꜥḥꜣ tꜣš=k r ꜥ.w-rśi*
*pč̦.t pw | šsp.t ꜥꜣgś.w* 107

---

2 *nʾ.ti̯w ꜥšꜣ.w* : C *nʾ.t ꜥšꜣ.t=ś*
4 E *iw sꜣw.ti̯w (?) ś:nḫḫ.(w) rnp.t*
5 *ś:ꜥḥꜣ* : E *shꜣ*

Bis Herakleopolis machten sie einen Damm.
Rechtschaffenen Herzens sind die zahlreichen Städter.
Hüte dich davor, von Anhängern des Feindes umgeben zu sein.
Wachsamkeit läßt die Jahre dauern[a].

---

Mache deine Grenze gegen den Südbereich wehrhaft[b]!
Das Barbarenvolk ist es, das sich zum Kampf rüstet[c].

a) Die Version von E läßt sich als "Die Wachsamen sind dauernd an Jahr(en)" verstehen, dürfte aber einfach auf Flüchtigkeitsfehlern beruhen.

b) Bisher wurde übersetzt "Wenn deine Grenze in Unruhe gerät (bzw. mobilisiert wird)". Die dem passiven *śḏm=f* dabei unterlegte konditionale Bedeutung ist nicht möglich. Da Infinitiv oder Partizip keinen Sinn ergeben, kann nur Imperativ vorliegen. Damit ist aus inhaltlichen Gründen bereits die Entscheidung zugunsten der Lesart *ś:ʿḥ3* gefallen. Zu ihren Gunsten läßt sich noch ein weiteres Argument anführen. Die von BURKARD 1977, S. 23 f. gegebene Erklärung als Lesefehler ist nur bei mittelhieratischen Zeichenformen möglich, somit ist ein Fehler eher bei der recht direkt von einer mittelhieratischen Vorlage abhängigen Handschrift E zu suchen. Das Verb *ś:ʿḥ3* ist dem Wörterbuch nur aus Urk. IV, 384,6 bekannt (≙ GARDINER 1946, Pl. VI, Z. 5), einer Stelle, die wenig klar ist, aber die Konstruktion mit direktem Objekt und *r* bestätigt. Ein zweiter Beleg dürfte P. Kahun III, 8 sein (GRIFFITH 1898, Pl. III), wo seit GRAPOW 1953, S. 207 die Lesung *ʿḥ3* üblich geworden ist, die zu den Resten paßt, aber so noch nicht stimmen kann, weil die Lücke nicht gefüllt wird und die Emendation eines *ḥr* nötig ist. Beide Schwierigkeiten lassen sich aber überwinden, wenn man *[ś]:ʿḥ3* liest. Eine Übersetzung "Er ist zu uns gekommen, nachdem er seine Grenze wehrhaft machte" ist dort jedenfalls sinnvoll.

c) Die genaue Bedeutung von *ʿ3gś.w* ist unklar, s. SEIBERT 1967, S. 134 ff. und BRUNNER 1969, S. 71 f. (Die Bemerkungen zu P. Pushkin 127 nach CAMINOS 1977, S. 37 Anm. 6 zu streichen). Hinzufügen kann ich noch ein demotisches Beispiel: P. Wien D 6165, III, 31. VOLTEN 1962, S. 32 u. 76 ließt *ʿḳ*, was aber keinen Sinn ergibt. Die etwas beschädigte letzte Gruppe ist zu ∴/ zu ergänzen, womit sich die Lesung *ʿḳs* ergibt. Obwohl auch diese Stelle nicht völlig klar ist, zeigt sie, daß das Nehmen des *ʿ3gś.w* zur Vorbereitung des Kampfes gehört.

Merikare E 107-111

*ḳṭ ḥw.wt m t3-mḥ.w*
*nn šri̯ rn ni̯ | si m iri̯.tn=f* 108
*n ḥč̣i̯.n.tw nʾ.t grg.ti*
*ḳṭ ḥw.wt n twt*
*iw ḫrw.y | mry=f ḥč̣i̯.t-ib sp=f ẖsi* 109
*š3i̯.n ẖty*$^{m.ḫ.}$ *m śb3.w |* 110
*gr.w r śḫm-ib ḥč̣i̯.t⟨w⟩ wṭḥ.w*
*tkk nčr śbi ḥr rʾ-pr.w*
*iwt ḥr=f mi | nṭf śt* 111
*iw=f r s33 m š3i̯.tn=f sḫt r=f*

---

4 *ḥw.wt* : C om. ; *twt* : C *twt=k*
5 *ḥč̣i̯.t-ib* : E *ḥč̣i̯-ib* ; *sp=f* : C *sp*
6 *m.ḫ.* : C om.
7 *ḥč̣i̯.t⟨w⟩* : E *ḥč̣č̣*
9 *iwt* : C *iwt.tw* ; *nṭf* : E *irr=f*
10 *ś33* : C *ś3w.t* ; *sḫt* : C add. *t3*

Baue Tempel im Delta!
Der Name eines Mannes wird nicht gering werden
infolge dessen, was er getan hat.
Eine wohlbegründete Stadt kann nicht zerstört werden.
Baue Kapellen für Statuen[a]!
Der Feind liebt die Herzenskränkung, sein Fall ist übel.
König Achtoes bestimmte als Lehrer[b]:
Der Schweiger wird zum Gewalttätigen,
wenn die Altäre geschädigt werden[c],
Indem Gott den angreift, der gegen den Tempel rebelliert.
Es soll über ihn kommen, so wie es das Seine ist[d].
Er wird zu einem, der sich sättigt mit dem, was er (der Gott)
als Falle gegen ihn zu stellen bestimmt hat[e].

a) Das Suffix in C halte ich für sekundär, weil bei der Textüberlieferung Suffixe eher hinzugefügt als weggelassen werden.

b) Die übliche Übersetzung "in einer Lehre" basiert auf einer durch C als falsch erwiesenen Textergänzung von GOLENISCHEFF 1913, Pl. 13, wie POSENER 1951, S. 33 erkannt hat.

c) Die Übersetzung ist unsicher, ich folge POSENER 1965, S. 345. *gr.w* ist nach der Schreibung der Handschriften zweifellos das Substantiv, die zuletzt von BLUMENTHAL 1980, S. 17 vertretene Auffassung als Imperativ ist ohne Emendationen nicht möglich.

d) E bietet hier: "so wie er es macht", was inhaltlich ähnlich ist. Für die Ursprünglichkeit von C spricht die seltene Konstruktion (GARDINER 1957 § 114,3, GILULA 1968a, s. auch GOEDICKE 1990a), die bisher kein Kommentator verstanden hat.

e) Eine schwierige Stelle, an der ich von allen bisher vorgeschlagenen Übersetzungen abweichen möchte.

Merikare E 111-113

*n ini̯.(w) nti ḥr mw=f*
*hrw.(w) pf ni̯ | iwi̯.t* 112
*ś:ḫwś* {[hieroglyph]} ⟨[hieroglyph]⟩ *wt̯ḥ.w tri nčr*
*m č̣t̯ ẖsi pw ib*
*m fḫ ꜥ.wi=ki |* 113
*iri̯ gr rši̯.t=k*

---

1 *ini̯.(w) nti* : E *ini̯.tw* ; *mw=f* : E *mw*
3 *ś:ḫwś* : C *śt ḫwi̯.(w)*
6 *rši̯.t=k* : C *bšč=k*

Merikare E 111-113

Wer ihm (dem Gott) loyal ist, wird nicht geholt werden[a)]
An jenem Tage des Kommens.

---

Statte die Altäre reich aus[b)], verehre Gott!
Sage nicht: Das Herz ist matt!
Löse deine Arme nicht,
Sondern freue dich wieder!

a) Trotz der verdächtig knappen Orthographie sehe ich C als korrekt an. Die Verneinung des prospektiven Passiv mit *n* findet sich in der klassischen Literatur auch Bauer B1, 300 (*n inį.(w)*), mit ausgeschriebenem *w* wahrscheinlich Ptahhotep 231 P ( , zum Verständnis der Stelle zuletzt – mich nicht überzeugend – FECHT 1986, S. 237 f.; wahrscheinlich ist zu übersetzen: "Diejenigen, die die Ellenbogen gebrauchen, werden nicht gemacht (d.h. befördert) werden.). Grammatisch ebenfalls hierher gehört die im P. Edwin Smith häufige Konstruktion *n irį.w n.i* "(Eine Krankheit), für die nichts getan werden kann", bei der EDELS (1959a, S. 20-21) Erklärung gegen WESTENDORF 1962, § 245 korrekt ist.

b) Die Schreibung von *s:ḫwś* "reich ausstatten" (GARDINER 1908, S. 129, GARDINER 1917, Pl. IX, Z. 9) mit \\ statt des Determinativs findet sich auch – leicht verderbt und deshalb von GARDINER 1909, S. 88 falsch emendiert – in Adm. 13,12.

Merikare E 113-115

*{ḥč̣ı̯.t} ⟨wč̣.t⟩ p.t pw rnp.t 100*
*mn.w pw wč̣3*
*ir rḫ ḫrw.y | nn ḥč̣ı̯=f śt* 114
*{m mry.t ś:mnḫ irı̯.tn=f in ki.i*
*iyı̯ ḥr ś3=f}*
*nn wn šw m ḫrw|.y* 115
*rḫ iḫ.t pw nı̯ itb.wi*
*n wḫ3.n nsw nb.(w) šny.t*

---

2 *wč̣3* : E *mč̣3*
3 *ir* : E *r* ; *nn ḥč̣ı̯=f śt* : M *n ḥč̣ı̯.n ś*[...]
7 *nı̯* : E om.
8 *n* : E *nn*

Merikare E 113-115

Was der Himmel zuweist, sind hundert Jahre.[a)]
Das Heil-sein ist etwas Dauerndes.
Wenn der Feind wissend ist, wird er es nicht zerstören,
{Damit das, was er gemacht hat, durch einen Anderen,
Der nach ihm kommt, restauriert wird}[b)],
Auch wenn es keinen gibt, der ohne Feind ist.
Er ist der Wissende der beiden Ufer[c)].
Der König, Herr eines Hofstaats, kann nicht unwissend sein.

a) Die ganze Passage ist sehr obskur und in keiner Übersezung befriedigend geklärt. Mein Vorschlag geht von zwei Details aus: 1. Die bei POSENER 1965, S. 345 erkannte Lesung "hundert Jahre", die bereits die meisten Übersetzungen zu Makulatur macht. 2. Die Tatsache, daß dreigliedrige Nominalsätze in der klassischen Literatursprache standardmäßig in der Form *A pw B* auftauchen, während hier bisher in der einen oder anderen Weise stets Sätze des Typs *A B pw* angenommen worden sind. Damit erhält man eine Handhabe zur Abgrenzung der Sätze. Die erwähnten hundert Jahre können nur eine der Varianten des idealen Lebensalters (LICHTHEIM 1983, S. 154 f. mit Literatur) sein, demnach sollte man hier positive Wendungen erwarten. Folglich dürfte *rši̯.t* "Freude" in E gegenüber *bšṭ* "Aufruhr" in C die bessere Lesart sein. Nichts anzufangen ist mit *ḥḏi̯.t p.t* "Himmelsverletzung". Ich emendiere versuchsweise *ḥḏ* in *wḏ*. Da diese Zeichen im Mittelhieratischen nicht unterscheidbar sind und *ḥḏi̯* in der Lehre für Merikare häufig gebraucht wird, wäre eine derartige Korruption möglich. Die postulierte abstrakte Ausdrucksweise ist zwar ungewöhnlich, vgl. aber immerhin Urk. IV 2126,2 *wḏ.w m p.t* "es wurde im Himmel angeordnet" (ähnlich auch P. Leiden J 350 r. IV, 22 (ZANDEE 1947, Pl. IV)).

b) Dieser Satz ist wohl aus E 113 eingedrungen und hier zu streichen.

c) In dieser Art läßt sich der Satz unter Zugrundelegung von C grammatisch korrekt übersetzen, jedoch ist dann entweder die Reihenfolge der Verse vertauscht oder man muß doch die allgemein übliche Emendation zu "der Herr der beiden Ufer" vornehmen.

Merikare E 115-120

*ś33=f m pr|ı̯.w=f n.w ẖ?.t* 116
*ś:čnn św nčr ḫnti si ḥḥ*
*i3w.t pw nfr.t nsy.t* | 117
*nn s3=ś nn śn=ś ś:w3ḥ mn.ww=k*
*in wʿ.w ś:mnḫ ki.i*
*irı̯ si n nti* | *ẖr ḥ3.t=f* 118
*m mry.t ś:mnḫ irı̯.tn=f in ki.i*
*iyı̯ ḥr ś3=f* | 119
*m=k sp ẖsi ḫpr.(w) m h3.w=i*
*ʿč̣.tw* | *č̣3t.wt n.t tnw* 120

---

1 *prı̯.w=f* : E *prı̯=f*
2 *ś:čnn* : E *ś:čnn.n* ; *nčr* : E om. ; *si* : E *t3*
4 *ś:w3ḥ* : E add. *ḥr* ; *mn.ww=k* : E *mn.ww=ś*
6 *n* : C *r* ; *ḥ3.t=f* : E *ʿ.t=f*
7 *irı̯.tn=f* : E *irı̯.n=i*

Merikare E 115-120

Bei seinem Herauskommen[a)] aus dem Mutterleib ist er weise.
Vor Millionen Menschen zeichnet ihn Gott aus[b)].

---

Das Königtum ist ein schönes Amt.
Es hat keinen Sohn, keinen Bruder, der deine[c)]
Denkmäler dauern läßt.
Der eine tut dem anderen Gutes,
Indem ein Mann für seinen Vorgänger handelt
In dem Wunsche, daß das, was er getan hat,
Durch einen Nachfolger restauriert wird.
Siehe, ein schlechtes Ereignis geschah in meiner Zeit,
Indem die Regionen von ...[d)] verwüstet wurden.

a) Sofern das immerhin von beiden Handschriften gebotene *n.w* korrekt ist, muß hier ein pluralisches Substantiv vorliegen. Für die pluralische Konstruktion von *pri̯* ist auf die Beispiele bei WILLEMS 1990, S. 29 zu verweisen.

b) Die präsentische Lesart von C ist in Parallele zu *š33=f* die bessere. Die von BLUMENTHAL 1974, S. 62 Anm. 37 zur Diskussion gestellte Möglichkeit "Der sich vor Millionen Menschen auszeichnet" ist abzulehnen, weil sie auf der Erstellung eines Mischtextes beruht.

c) Ich gebe der Lesart von C gegen E "seine Denkmäler" den Vorzug, da letzteres auf Assimilation der Suffixe beruhen dürfte.

d) Diese Stelle ist sehr problematisch. Zunächst kann, obwohl man gerne "Nekropole" verstanden hat, nach der Orthographie beider Handschriften nur *ḫ3t.t* "Landgut, Bezirk" vorliegen (oder allenfalls eine ungenaue Schreibung von *sp3.t* "Gau"), und zwar im Plural. Ferner ist auch der allgemein hier angenommene Ortsname Thinis nicht sicher, da die Schreibung mit nach WB IV, 372 erst spät belegt ist. Dabei ist der Schreibbeleg wohl Onomastikon des Amenemope 5,2 (GARDINER 1947, Pl. XI), nach CAMINOS 1977, S. 3 ff. in die späte 21. oder 22. Dynastie zu datieren. Nach Mitteilung von F. Gomaa ist diese Schreibung im TAVO-Material für das Neue Reich sonst nicht nachweisbar. Die Orthographie von C wäre eher akzeptabel, zeigt aber vor dem Determinativ der Stadt noch unerklärliche Pluralstriche. Zum Problem siehe auch Exkurs 1.

Merikare E 120-122

*ḫpr.n iś m iri̯.tn=i*
*rḫ.n=i | śt r-ś3 iri̯.tw* 121
*m=k ç̌3r.w ḫnti iri̯.tn=i*
*ẖsi pw gr.t ḥç̌i̯.t*
*nn 3ḫ n=f | ś:rwç̌ ś:wsč.tn=f* 122

---

1 *ḫpr.n* : C add.

2 *rḫ.n=i* : E *rḫ.n* ; *r-ś3* : C *r-ś3=i* ; *iri̯.tw* : E *iri̯.tw=i*

3 *ç̌3r.w* : E *ç̌3r.w=i* C *ç̌3w.t*

4 *gr.t* : C om. ; *ḥç̌i̯.t* : E om.

Merikare E 120-122

Denn es geschah infolge dessen, was ich tat[a)].
Ich weiß es, nachdem gehandelt wurde.
Siehe, Mangel[b)] kam aus dem, was ich gemacht habe.
Elend ist nun das Zerstören.
Es gibt keinen, dem es nützt[c)] zu restaurieren, was er verwüstete[d)],

a) Seit SCHARFF 1936, S. 57 Anm. 2 gibt man meist der Lesart von C mit Negation den Vorzug, die auch von GILULA 1968b, S. 17 für korrekt gehalten wurde. Die Übersetzungen ohne Negation von LICHTHEIM 1973, S. 105 und BRUNNER 1988, S. 152 sind aber sicher berechtigt. Inhaltlich würde die gesamte Aussage über Vergeltung ihre Bedeutung verlieren, sofern die schlechte Tat nicht infolge der Handlung des Königs geschehen ist, grammatisch gesehen müßte das *n* vor dem *ḫpr.n* stehen. Man könnte allenfalls überlegen, ob die Lesart von C nicht der Reflex eines ursprünglicheren *n ḫpr.n n iś* wäre.

b) Die Lesart ohne Suffix scheint mir die bessere. Zur Diskussion über die Bedeutung von *ç3r.w* s. GARDINER 1923, S. 18 Anm. 8 ("Turin wooden Tablet" ≙ Amenemope 25,4 (LANGE 1925, S. 123 ff.; LOPEZ 1984, S. 51, T. 185-186) gehört zu *ç3w.t* "Entsprechung"), GARDINER 1930, S. 22; SCHARFF 1936, S. 57 u. Anm. 9; ein neues Beispiel bei FISCHER 1960, Fig. 1, Z. 9 (ähnlich Hatnub 12,9). Hinzu kommen in unklarem Kotext P. Ramesseum I A 8; III B 22 (BARNS 1955). Die Bedeutung ist m. E. stets "Mangel, Bedarf", für das hier oft angenommene "Schuld/Strafe/Vergeltung" gibt es keine Parallele. Auch Bauer B1, 280, wo SCHARFF als "Entsprechung" verstehen will, ist "Was ist dein Bedarf (d. h. was willst du noch mehr) ?" zu übersetzen.

c) *3ḫ n-f* ist in E als ganzer Ausdruck mit [illegible] determiniert.

d) Die Schreibung ist mit BJÖRKMAN 1971, S. 16 f.; DORET 1986, S. 108 Anm. 1494; HELCK 1977, S. 76 sicher als *ś:wsč* zu verstehen, das zu *t* gewordene *č* fällt in der Schreibung mit dem *t* der Relativform zusammen.

Merikare E 122-127

*{ś:ẖn ḳṭ=f} ⟨ḳṭ ś:ẖn.tn=f⟩ ś:mnḫ śꜥśꜥ.tn=f*
*s3{3}u̯.ti | r= ś* 123
*č̣b3.tw sḫi̯ m mi.tt=f*
*mč̣ṭ.t pw irr.wt nb.t*
*snn ẖʾ.t r ẖʾ.t m rmč.w |* 124
*imn.n św nčr rḫ.w ḳṭ.ww*
*nn ḫśf ꜥ.w ni̯ nb.(w) č̣r.t*
*tkk.t pw m|33.t ir.ti* 125
*tri.tw nčr ḥr w3i̯.t=f*
*iri̯.w m ꜥ3.t mśi̯.w m ḥm.ti*
*mi n.t č̣b3|.ti m n.t* 126
*nn itr.w rč̣i̯ ś:ṭg3=f*
*fḫ ꜥ.w pw imn.n=f | św im=f* 127
*šmi̯ b3 r bw rḫ.n=f gr.w*

---

1 *{ś:ẖn ḳṭ=f} ⟨ḳṭ ś:ẖn.tn=f⟩* : MC om. ; *ś:mnḫ* : C *ś:ḫw{r}⟨ṭ⟩* ;
*śꜥśꜥ.tn=f* : E *ś:ꜥn.n=f*

2 *mč̣ṭ.t* : E *mč̣ṭ* M

5 *r ẖʾ.t* : E om.

7 *ni̯* : E om.

8 *tkk.t* : EC *tkk.w* ; *pw* : E add. *m*

12 C add. *nfr iri̯.t n m-ḫt*

13 *św* : E om. ; *im=f* : C *im*

14 MC add. *n thi̯.n=f* (M add. *r*) *w3i̯.t=f n.t śf*

Merikare E 122-127

Zu bauen, was er abriß, zu verschönern, was er entstellte[a].
Hüte dich davor!
Ein Schlag wird mit seinesgleichen vergolten.
Alles Getane ist, was man als Anteil erhält[b].

---

Generation auf Generation vergeht unter den Menschen,
Nachdem sich der Gott, der die Charaktere kennt, verborgen hat.
Es gibt keinen, der den Eingriff des Herrn der Hand abwehrt,
Angegriffenes ist, was die Augen sehen[c].
Auf seinem Weg wird Gott verehrt,
Gemacht aus Edelgestein, verfertigt aus Erz,
Wie eine Flut, die durch eine andere Flut ersetzt wird.
Es gibt keinen Fluß, der sich verbergen ließe.
Er ist ein Zerstörer des Dammes,
hinter dem er sich verborgen hatte.
Der *B3* kommt zu dem Ort, den er kennt.

a) Der erste Teil des Satzes findet sich nur in E und dort in korrupter Form, ist aber eben deshalb kein sekundärer Zusatz. *šꜥšꜥ* ist nur noch aus einer Stelle in der Lehre des Ani bekannt, wo es sich auf das Verfälschen der Orakel bezieht (POSENER 1963b, S. 99 f.). Der Paralleltext P. DM 1 r 5,6f. (ČERNÝ 1978, Pl. 5) hat *š:ꜥ3 ḫ3m* "Die Beugung vergrößern".

b) In der Übersetzung folge ich POSENER-KRIÉGER 1976, S. 228 Anm. 2. Die von BRUNNER 1988, S. 152 gebotene Übersetzung "Das ist die Verschränkung aller Taten!" und viele andere ähnliche sind nicht wahrscheinlich, weil die Aufsprengung eines direkten Genitivs durch *pw* nicht gebräuchlich ist.

c) Der Befund der Handschriften ist nicht ganz sicher, dennoch möchte ich wegen des nachfolgenden *m33.t* von neutrischem *tkk.t* ausgehen.

Merikare E 127–130

*ś:iḳr ḥw.t=k n.t imn.tt*
*ś:mnḫ ś.t=k | n.t ẖr.t-nčr* 128
*m ꜥḳ3 m irı̯.t m3ꜥ.t*
*rhn.t ib=śn pw ḥr=ś*
*šsp | bit* [hieroglyph] *n.t ꜥḳ3-ib* 129
*r iw3 nı̯ irı̯ iśf.t*
*irı̯ n nčr irı̯=f n=k mi.tt*
*m ꜥ3b.t | n.t ś:w3ǯ ꜥb3* 130
*m ḫtı̯.t śšm.t pw rn=k*
*šś3 nčr m irr n=f*

---

1 *ḥw.t=k* : [M]C *ś.t=k*
2 *ś.t=k* : MC *ḥw.t=k*
3 *irı̯.t* : E *irı̯*
4 *rhn.t* : M *rhn* C *ḥtp.w* ; *ib* : M *ib.w* ; *pw* : M om.
5 *šsp* : M *3ḫ* ; *bi.t* [hieroglyph] : E *bi.t* [hieroglyph]
6 *irı̯* : M *irr*
9 *ḫtı̯.t* : C *ḫtı̯* ; *śšm.t* : C *śšm*

Mache dein Haus des Westens vortrefflich,
Mache deinen Sitz der Nekropole schön[a)]!
Durch Gerechtigkeit, durch Ausführen der $M3^{c}.t$[b)].
Das ist es, worauf sich ihr Herz stützt[c)].
Angenehmer ist der Brotfladen/Charakter[d)] des Rechtschaffenen
Als der Ochse des Übeltäters.
Handle für Gott, damit er entsprechend für dich handelt,
Mit Opfern, die den Altar reich versehen,
Mit Einmeißelungen[e)]; dein Name ist ein Hinweis,
Damit Gott den kennt, der für ihn handelt.

---

a) Bei diesem Zitat aus der Lehre des Djedefhor wird üblicherweise die Lesart von M und C bevorzugt, die dem Vorbild näher steht (BURKARD 1977, S. 98). Dem folge ich nicht. Da der Satz inhaltlich durch die nachfolgende Wendung ins Moralische gegenüber dem Vorbild sehr verändert wird, wäre auch eine formelle Verdrehung von Wörtern denkbar. Zudem könnte die Lesart von M und C das Ergebnis sekundärer Angleichung an den gut bekannten Djedefhortext sein.

b) Die Variante von E kann unter Annahme von Partizipien als "als Gerechter, als einer, der die $M3^{c}.t$ ausführt" verstanden werden, ist aber eher einer der in dieser Handschrift häufigen Flüchtigkeitsfehler.

c) M formuliert hier vereinfachend " Darauf stützen sich ihre Herzen", was auf einer redaktionellen Überarbeitung beruhen dürfte.

d) Es liegt ein Wortspiel zwischen *bi.t* "Brotfladen" und *bi.t* "Charakter" vor. Dabei ist mit WILLIAMS 1964, S. 19 "Brotfladen", der Struktur derartiger Wortspiele entsprechend, als primäre Bedeutung anzusehen.

e) Entgegen der üblichen Abtrennung möchte ich dem Verspunkt der Handschrift M folgen.

Merikare E 130-138

ḥn | rmč.w ᶜw.t n.t nčr 131
iri̯.n=f p.t t3 n-ib=śn
ṯr.n=f snk ni̯ mw
iri̯.n=f č3.w ni̯ ib ᶜnḫ | fnč̣.w=śn 132
snn.w=f pw pri̯.w m ḥᶜ.w=f
wbn=f m p.t n-ib=śn
iri̯.n=f | n=śn śm.w ᶜw.t 133
3pṯ.w rmi̯.w r ś:nm.t śt
śm3.n=f ḫft.i̯w=f ḥč̣i̯.n=f mśi̯.w=f | 134
ḥr k(3)i̯.t=śn iri̯.t śbi.t
irr=f šsp n-ib=śn
ś:ḳṯṯ=f r m33 śt
č3s.n=f | n=f k3r ḥ3=śn 135
rmm=śn iw=f ḥr śč̣m
iri̯.n=f n=śn ḥḳ3.w m śči
č3s.w | r čsi̯.t m psč̣ s3-ᶜ.w 136
iri̯.n=f n=śn ḥk3.w r ᶜḥ3.w
r ḫśf ᶜ.w | ni̯ ḫpr.yt 137
rś.wt ḥr=ś grḥ mi hrw.(w)
śm3.n=f ẖ3k.w-ib mm(i)
mi ḥwi̯ si | s3=f ḥr śn=f 138
iw nčr rḫ.w rn nb

---

2 n-ib=śn : MC n-ib iri̯

3 ṯr.n=f : C add. n=śn

4 ni̯ : E om. ; fnč̣.w=śn : E sfn.w=śn

7-14 : C 12-14, 7-10 (om. 11)

8 r : EC om. ; ś:nm.t : C ś:nm

9 śm3.n=f : E śm3=f ; ḥč̣i̯.n=f : E [ḥ]č̣i̯=f

10 k(3)i̯.t=śn : E add. m C k3.w=śn ; śbi.t : E śbi

13 n=f : E om.

14 rmm=śn : E [r]mi̯.w=śn

15 n=śn : C śn ; ḥḳ3.w : C ḥḳ3.wt ; śči : M śwḥ.t

16 psč̣ : C add. ni̯

17 ḥk3.w : C k3.w ; r : C om.

19 grḥ mi hrw.(w) : C mi hrw.(w) mi grḥ

Merikare E 130-138

Versorgt sind[a] die Menschen, das Vieh Gottes.
Um ihretwillen schuf er Himmel und Erde,
Nachdem er die Gier des Wassers beseitigt hatte[b].
Er schuf den Atem des Herzens, damit ihre Nasen leben[c].
Sie sind seine Ebenbilder, die aus seinem Leib herausgekommen sind.
Um ihretwillen geht er am Himmel auf.
Für sie schuf er Kraut und Vieh,
Vögel und Fische, um sie zu ernähren.
Er tötete seine Feinde und schädigte seine Kinder,
Weil sie planten, Aufstand zu begehen[d].
Um ihretwillen schafft er das Tageslicht,
Um sie zu sehen, fährt er (am Himmel).
Hinter ihnen erbaute er sich eine Kapelle.
Wenn sie weinen, hört er.
Er schuf ihnen Herrscher im ...[e],
Machthaber zur Stütze[f] im Rücken des Schwachen.
Er schuf ihnen den Zauber[g] zu Waffen,
Um den Schlag des Ereignisses[h] abzuwehren,
Über das Tag und Nacht gewacht wird[i].
Er tötete die Aufsässigen darunter,
So wie ein Mann seinen Sohn dessen Bruders wegen schlägt.
Gott kennt jeden Namen.

---

a) HELCK 1977, S. 85 will mit Imperativ übersetzen. Das ist inhaltlich unwahrscheinlich (BLUMENTHAL 1980, S. 20 Anm. 163). Zu meiner Auffassung als passives Partizip s. den Kommentar zu E 91.

b) Zu *śnk*, der jüngeren Form von *śkn* s. POSENER 1950b, S. 80 f.; CAMINOS 1956, S. 14. Für die von SCHARFF 1936, S. 60 Anm. 6 vorgeschlagene etymologische Verbindung zu *snk* "dunkel sein" sehe ich wegen des Determinativs keine Möglichkeit. Dieser Satz kann aus syntaktischen Gründen nur ein Umstandssatz sein. Dies ist in der Übersetzung von RÖMHELD 1989a, S. 141 f. erkannt, wobei allerdings die relative Vorzeitigkeit des *sḏm.n=f* noch nicht berücksichtigt ist. Ohne weiteren Kommentar korrekt übersetzt wird die Stelle bei HOFFMEIER 1973, S. 48. Inhaltlich ist sinnvoll, daß bei der Weltschöpfung die Zurückdrängung des Urwassers der Erschaffung von Himmel und Erde vorausgeht. Dabei scheint mir die Deutung als Abstraktum gegenüber dem oft (zuletzt KEEL 1989, S. 268 und REDFORD 1990, S. 834 Anm. 107) vermuteten Bezug auf ein personalisiertes Monster näherliegend.

c) Dieser Satz ist ungewöhmlich formuliert und deshalb meist emendiert worden. Daß die Nase lebt, ist auch Sinuhe B 238 belegt, also akzeptabel. "Atem des Herzens" ist mir sonst nicht bekannt. Da nach altägyptischen Vorstellungen die Atemluft zum Herzen geleitet wird (GRAPOW 1954, S. 73), ist eine solche Ausdrucksweise aber möglich.

d) Ich folge der üblichen Bevorzugung von M und C, obwohl die präsentische Auffassung von E nicht ausgeschlossen ist. In E 137 wird das Töten allerdings von allen Handschriften einheitlich in die Vergangenheit gesetzt. Für die Orthographie von *k3ỉ.t* s. GARDINER 1946, S. 47 Anm. 12; Urk. IV 406,10. Der Infinitiv in E ist wohl die bessere Variante. Es liegen hier zwei parallele substantivierte Verbalformen vor, die auf ein gemeinsames adverbiales Element hin konstruiert sind.

e) Die Lesart von M "im Ei" wird stets vorgezogen, was aber problematisch ist. Die Übereinstimmung von E und C sollte aus stemmatischen Gründen ursprünglicher sein, da es sich nicht um einen Fehler handelt, auf den beide Handschriften unabhängig hätten kommen können. Jedoch kann aus *m śči* "im Duft" nur krampfhaft ein Sinn erschlossen werden, etwa indem man darin eine Anspielung auf den göttlichen Duft, der bei der Zeugung des Gottkönigs eine Rolle spielt (BRUNNER 1986, S. 50 f.), sieht. Man muß deshalb damit rechnen, daß der Archetyp verderbt war und M auf einer späteren Konjektur beruht.

f) Da der Parallelismus in diesem Text offensichtlich bedeutsam ist, ziehe ich es vor, *čsỉ.t* wegen der Parallele zu *ᶜḥ3.w* als Substantiv, nicht als Infinitiv aufzufassen.

g) Die Annahme von HELCK 1977, S. 87, die Lesung *k3.w* "Gedanken" sei die bessere Variante, scheint mir schwierig. Zunächst ist dies Wort weder in dieser Bedeutung noch mit dieser Orthographie sonst zu belegen. Ferner spricht auch der lautliche Anklang an *ḥḳ3.w* "Herrscher" für die Ursprünglichkeit von E. Die Lesung in C dürfte einfach auf der Auslassung eines Zeichens beruhen.

h) *ᶜ.w*, eigentlich nur ein übertragener Gebrauch des Wortes "Arm, Seite, Zustand ...", findet sich in der magischen Literatur öfters mit der speziellen Bedeutung der gefährlichen Einwirkung einer übelwollenden Macht, s. MASSART 1954, S. 108; SAUNERON 1970, S. 25 sowie die Beispiele in den Oracular Decrees bei EDWARDS 1960 und P. Kairo 58 027 IV C 5 (GOLENISCHEFF 1927, S. 130). Zu *ḫpr.yt* s. FECHT 1972, S. 95 und 217.

i) Zur Übersetzung s. FEDERN 1960, S. 256 f.; POSENER 1966a S. 344; LICHTHEIM 1973 S. 109 Anm. 31. Der Text von E ist hier korrekt, da er die für Ägypten übliche Reihenfolge Nacht-Tag bietet, die ich in der Übersetzung, dem deutschen Sprachgebrauch entsprechend, umgedreht habe. In C oder seiner Vorlage ist *mi grḥ* zunächst ausgelassen und dann nach *hrw.(w)* nachgetragen worden, ohne daß das erste, jetzt überflüssige, *mi* gestrichen wäre. Der Text von C kann keinesfalls mit VOLTEN 1945, S. 78 und BURKARD 1977, S. 26 f. als "Träume verkünden" verstanden werden, da *śmi* im Neuhieratischen sicher nicht ohne Determinativ geschrieben worden wäre.

Merikare E 138-144

*imi̯=k iri̯.(w) mn.t nb.⟨t⟩ ⟨r⟩ rʾ=i*
*ç̌ç̌ ś:hp.w | nb ḥr nsw* 139
*ś:wn ḥr=k č3s=k m si*
*iḫ pḥ=k wi nn ś:rḫ.y=k*
*m śm3.(w) | wʿ.w tkn im=k* 140
*ḥsi̯ n=k św nčr rḫ św*
*wʿ.w im=śn pw w3ç̌ tp t3*
*nčr.w pw šmśi̯|.w nsw* 141
*imi̯ mr+w.t=k n t3-tm.w*
*ś{w}ḫ3 pw ḳṭ nfr rnp.⟨w⟩t sbi̯.w im |* 142
*ç̌ṭ.tw=k (?) ḥç̌i̯-rk-ni̯-mn*
*in n.ṯi̯w m pḥ.wi m pr.(w)|-ẖty*$^{\text{m.ḫ.}}$ 143
*m ś:š3i̯.w iwt=f min*
*m=k ç̌ṭ.n=i n=k bw | 3ḫ ni̯ ẖʾ.t=i* 144
*irr=k m grg m ḥr=k*

---

6 *rḫ* : M *rḫ.n*
12 *ẖty*$^{\text{m.ḫ.}}$ : E om. $^{\text{m.ḫ.}}$

Merikare E 138-144

Tue nichts Böses gegen meinen Ausspruch,
Der alle Bestimmungen[a] hinsichtlich eines Königs gibt,
Der dich instruiert, damit du als Mann herrschst[b],
Mögest du mich erreichen ohne Ankläger gegen dich.
Töte keinen einzigen, der dir nahe steht,
Wenn der Gott, der ihn kennt, ihn dir begünstigt[c].
Einer von ihnen ist es, der auf Erden gedeiht[d].
Die Gefolgsleute des Königs sind Götter.
Gib deine Beliebtheit durch das ganze Land.
Ein guter Charakter wird erinnert, wenn die Jahre
    dort vergangen sind[e].
Mögest du genannt werden: "Der die Zeit des Leidens beendete"
Von denen, die später kommen im Haus des Achtoes[f].
Im Flehen (?): "Möge er heute kommen" (?)[g].
Siehe, ich habe dir das Nützliche meines Leibes gesagt.
Als Wohlgerüsteter kannst du jetzt handeln.

a) Zu *ś:hp* vgl. BLUMENTHAL 1980, S. 20 f., Anm. 173.

b) Die zweideutige Orthographie von E muß als *č3s* "herrschen" interpretiert werden, wie VOLTEN 1945, S. 80 erkannt hat. Die übliche Übersetzung "damit du dich erhebst" hieße Ägyptisch *čsı̯=k* <u>*čw*</u>.

c) Mit Ausnahme der grammatisch zwingenden Deutung von *ḥsı̯* als Umstandsform folge ich GARDINER 1914 S. 35. Spätere Bearbeiter verstehen meist anders, werden dabei aber der Einheit des Verses weniger gerecht. FECHT 1991, S. 120 übersetzt "daß du ihn 'gelobt' hast, bedeutet, daß Gott ihn kennt;", was in der syntaktischen Analyse des zweiten Teils etwas suspekt (obwohl nicht unmöglich) und inhaltlich nicht unbedingt überzeugend ist. Der Vorschlag von VOLTEN 1945, S. 80 und HELCK 1977, S. 91, *ḥsı̯* "begünstigen" in *ḥsı̯* "abwenden" zu emendieren, kann mich nicht überzeugen.

d) HELCK 1977, S. 91 will zu *wč̣* "befehlen" emendieren. Da ähnliche Aussagen über Gefolgsleute (VERNUS 1989, S. 152 am) stets *w3č̣* gebrauchen, ist das nicht angebracht.

e) In der Lesung und Deutung des Satzes folge ich POSENER 1966a, S. 345.

f) Dieser Passus ist schwierig, s. POSENER 1966a, S. 345. Für *pr.(w)* vgl. die Literatur bei BLUMENTHAL 1980, S. 21 Anm. 185 und VERNUS 1983, S. 127. Daß *pr.(w) ḫty* die Dynastie der Herakleopoliten bezeichnet, wie vor allem BERLEV 1981a, S. 369 annimmt, halte ich für unwahrscheinlich, es ist eher die Bezeichnung eines Gebietes. Dafür spricht zunächst das Beispiel bei EDEL 1984a, S. 141, das deutlich das Herrschaftsgebiet bezeichnet. Auch die anderen Beispiele gehen in diese Richtung, z. B. Mo<sup>c</sup>alla I α 2 "Ich fand das *pr.(w) ḫww* überschwemmt wie ein Marschgebiet, gemieden von seinem Zuständigen". Das bezieht sich, wie schon VANDIER 1950, S. 166 erkannt hat, eindeutig auf eine Region. TPPI § 30, Z. 3 "Ich verbrachte eine lange Zeit (o. ä.) im *pr.(w) ḫty*". Zeit in einer Dynastie zu verbringen, wäre kaum möglich. Bei *m pḥ.wi* dürfte die temporale Bedeutung von *pḥ.wi* (VANDIER 1950, S. 189) vorliegen.

g) Auch dieser Satz bietet ungewöhnliche Schwierigkeiten. *m ś:š3i̯.w* wurde seit SCHARFF 1936, S. 8 gern nach WB IV 281,4 als "im Gegensatz zu" aufgefaßt. Die von LICHTHEIM 1973, S. 79 Anm. 50 und S. 109 Anm. 32 geäußerten Bedenken an der Existenz dieses Wortes halte ich für berechtigt, allerdings ist ihre Auffassung als *šs3* "wissen" hier nicht möglich, da dieses Verb in der Handschrift stets anders geschrieben wird. Versuchsweise folge ich der Übersetzung von GARDINER 1957, § 457 für einen ähnlichen Ausdruck in Schiffbrüchiger 129. Problematisch ist auch das nachfolgende *iwt=f*. VOLTEN 1945, S. 81 deutet es als *śč̣m.ti=fi*-Form "der kommen wird". Nach Maßgabe von E 79 sollte man dann aber Ausschreibung eines \\ erwarten. Diese Auffassung liegt offenbar auch den Übersetzungen "der kommt" (HELCK 1977, S. 91; BLUMENTHAL 1980, S. 21) bzw. "was eingetreten ist" (BRUNNER 1988, S. 154) zugrunde, wenngleich sie das Tempus mißachten. Dagegen sehen GARDINER 1914, S. 35; SCHARFF 1936, S. 8 und WILSON 1950, S. 418 hier offenbar Infinitive mit Suffixen, was möglich, aber inhaltlich nicht überzeugend ist. Ich sehe in *iwt=f* den Subjunktiv, was in Kombination mit meiner Auffassung des Vorausgehenden guten Sinn ergibt.

## Exkurs 1: Die Denkmälerschändung

Ein besonders bemerkenswerter Zug der Lehre für Merikare ist das Schuldeingeständnis des Vaters, der eine schlechte Tat begangen hat, die generell als Denkmälerzerstörung zu erkennen ist, im Detail jedoch erhebliche Probleme bereitet, auf die bereits im philologischen Kommentar hingewiesen ist.

Schon von GARDINER 1914, S. 28 wurden die beiden Passagen E 69 ff. und E 119 ff. zusammengestellt und in dem Sinne verstanden, daß als Folge des Bürgerkriegs Gräber zerstört worden sind. Indirekt kann auch E 78 f. hierzugestellt werden. Diese Stelle ist bei weitem am klarsten. Dem Thronfolger wird unzweideutig empfohlen, für die Konstruktion seines eigenen Grabes nur neugebrochene Steine zu verwenden, nichts Wiederverwendetes. Man kann daraus noch nicht auf ein abweichendes Verhalten des Vaters schließen, aber die Vermutung liegt doch nahe, daß der Vater früher diese Mahnung nicht beherzigt hat.

Erheblich problematischer ist schon E 119 ff., wo sämtliche Bearbeiter einen Bezug auf Thinis sehen und oft auch eine Erwähnung der Nekropole von Thinis angenommen wurde. Zunächst möchte ich darauf hinweisen, daß die Nekropole von Thinis, sofern erwähnt, das Gebiet von Nag$^{c}$ ed-Deir ist (PECK 1958, S. 133 f.). Von einer Schändung des heiligen Gebietes von Abydos kann also nicht die Rede sein. Tatsächlich ist aber die Lesung "Nekropole" kaum zu rechtfertigen. Auch der Bezug auf Thinis ist nach der Orthographie beider Handschriften zweifelhaft, obwohl ich bereit bin, es zu akzeptieren, solange ich keinen besseren Vorschlag machen kann.

Dagegen scheint mir die Annahme unmöglich, die siegreichen Truppen des Vaters hätten nach der Schlacht, vielleicht gar gegen den Willen des Vaters, Gräber geplündert (so etwa ASSMANN 1984, S. 201 f.). Ich unterscheide zwischen zwei Typen von Monumentbeschädigung. Zunächst Plünderungen der Gräber, bei denen man an den Grabbeigaben interessiert ist. Dabei sind Schäden am Bau, wenngleich unvermeidlich, nicht eigentlich intendiert. Derartige Plünderungen gehen von Einzelnen oder kleinen Gruppen aus und werden vom Staat als Verbrechen angesehen. Ferner Abriß von Gebäuden, um die Steine für Neubauten wiederzuverwenden. Diese Aktionen werden vom Staat betrieben und sind eine gut faßbare Realität (BJÖRKMAN 1971).

Die Übeltat, von der der Vater des Merikare berichtet, gehört offensichtlich zur letzteren Art. Sie geht vom König selbst aus, ferner zeigt das Vokabular "restaurieren", "abreißen" und "bauen" deutliche Bezüge auf den Abriß von Gebäuden, aber keine Hinweise auf Plünderung von Grabbeigaben. Deshalb kann man diese Angaben tatsächlich mit E 78 f. zusammenbringen und vermuten, daß der Vater ältere Gebäude für den Bau seines Grabes verwendet hat. Dann ist aber unwahrscheinlich, daß die Ereignisse in Thinis zu lokalisieren sind, denn welche Steinkonstruktionen hätte der Vater in Nag^c ed-Deir (oder auch Abydos) damals vorfinden können? Größere Mengen an Steinkonstruktionen dürften damals nur im memphitischen Raum zur Verfügung gestanden haben.

Noch weit schwieriger ist E 69 ff., was sich schon darin äußert, daß bisher kein Bearbeiter ohne Emendationen ausgekommen ist. Wenn der Text aber korrupt ist, läßt sich das Ausmaß der Korruption schwer abschätzen, da ein Fehler häufig weitere nach sich zieht, was weitgehende Schlußfolgerungen erschwert.

Zunächst ist es nach den obigen Ausführungen sehr zweifelhaft, daß diese Passage, die tatsächlich von Thinis spricht, mit E 119 ff. verbunden werden darf. Auch enthielte sie beim bisherigen Verständnis einige Ungereimtheiten. So ist das üblicherweise angenommene "Ägypten kämpft in der Nekropole" schwer verständlich. Das Verb *ꜥḥꜣ* "kämpfen" kann sich nur auf die Kampfhandlungen selbst beziehen, für Plünderungen würde man ein anderes Wort verwenden. Aber weshalb sollte man in der Nekropole kämpfen, wo es nichts zu gewinnen und nichts zu verlieren gibt und die sich auch kaum als Schlachtfeld eignet. Zudem könnten Kampfhandlungen bei der damaligen Militärtechnik kaum zu schweren Schäden an den Gebäuden geführt haben, falls diese nicht speziell als Festungen genutzt wurden, was aber unwahrscheinlich ist.

Es scheint mir angebracht, diese Stelle von den vergleichsweise klarsten hinteren Sätzen her aufzurollen. Die Art der Aussage über die Einnahme von Thinis läßt keinen Zweifel daran, daß es sich um einen positiv gewerteten Erfolg handelt. In positivem Sinne ist auch E 70 f. zu verstehen, wo *ir̯ n=* ein Handeln zugunsten des Vaters beschreibt. Deshalb ist unwahrscheinlich, daß die weniger klaren vorausgehenden Sätze von einem Frevel des Königs gesprochen haben. Zudem wird der eindeutige Frevel in E 119 f. auch in der Art eines neuen, bisher noch nicht erwähnten Ereignisses eingeführt.

Ich denke, daß der unklare Teil am ehesten eine Bewertung der Aktionen aus Sicht der Prophezeihung der Vorfahren enthält, so wie auch die Prophezeihung des Neferti im Schlußteil den Guten Freude und den Bösen Strafe verheißt. Für den König müßte es dann eine positive Verheißung geben, die durch das Handeln des Gottes zu seinen Gunsten tatsächlich eingetreten ist. Diese Auffassung würde zumindest, trotz aller verbleibenden Probleme, erlauben, den gesamten Abschnitt E 68-75 als sinnvolle Gedankenkette zu lesen.

## Exkurs 2: Die Prophezeihung der Residenz

Die Erwähnung einer "Prophezeihung der Residenz" in E 71 gehört zweifellos zu den bemerkenswertesten Punkten des Textes. Sie ist aber, weil nur angedeutet, schwer zu fassen. Meist sieht man in ihr eine Begründung dafür, daß die Herakleopoliten ein gutes Verhältnis zum Süden haben sollen. Infolgedessen hat man teilweise in ihr die Ankündigung des endgültigen Sieges der Thebaner gesehen und dem Vater des Merikare Fatalismus unterstellt (SCHARFF 1936, S. 22 Anm. 5; POSENER 1956, S. 48 f.). Diese Deutung ist jedoch nicht überzeugend. FECHT 1972, S. 183 f. hebt mit Recht hervor, daß man von den Herakleopoliten eher Unterdrückung als Verbreitung einer solchen Schrift erwarten sollte (zumindest wenn man der Selbstdatierung glaubt).

Näherer Betrachtung wert sind die Ideen von FECHT selbst. Er meint, die Prophezeihung der Residenz sei eine politische Propagandaschrift in der Art des Neferti gewesen, in der die Ankunft des Dynastiegründers Cheti I als Retter in der Not angekündigt worden sei. Gleichzeitig habe die Schrift eine Erklärung enthalten, weshalb der thebanische Bereich nicht zum Herakleopolitenreich gehöre. Teile dieser Rechtfertigungsschrift seien auch in den Admonitions zitiert, insbesondere Adm. 7,1-7 und 10,6-12.

Schon JUNGE 1973/74 hat Zweifel an dieser überzogenen Deutung angemeldet und dem läßt sich noch einiges hinzufügen. Zunächst möchte ich darauf hinweisen, daß der Text wohl eher als Relativform "was die Residenz prophezeit hat" zu übersetzen ist, womit der angenommene Titel der Schrift entfällt. Basis für FECHTS Deutungen ist offenbar Adm 7,7, wo er übersetzt: "Mein Herr wird den Aufruhr niederwerfen, ohne auf Widerstand zu stoßen". Hier bedürfte zunächst die kommentarlose Übersetzung von *wṯḭ ḥ3ᶜ.yt* als "Aufstand niederwerfen" einer Rechtfertigung, die vermutlich von SPIEGEL 1950, S. 19 u. S. 83 Anm. 64 übernommen ist. Die richtige Übersetzung ist aber eher "Aufruhr bewirken" (CAMINOS 1958, S. 90). Könnte zudem der vorgebliche Prophet eines kommenden Heilskönigs diesen als "Mein Herr" bezeichnen, ohne sich sofort zu entlarven?

Auch die Annahme von FECHT 1972, S. 173, in Adm. 7,1 sei von einem Erfolg gegen die "Feinde des Landes" die Rede, ist zweifelhaft. "Feinde" ist hier eher im euphemistischen Sinn (POSENER 1970, POSENER 1985b S. 42 f., QUACK 1989; VERNUS 1990b, S. 204) zu verstehen. Zu übersetzen ist also: "Sehet, das Feuer ist in die Höhe gestiegen, indem sein Brand herauskommt gegen das Land". Damit fügt sich diese Passage in die üblichen Klagen über Verwüstungen ein und kann nicht mehr als Beleg für positive Verheißungen gelten.

Ebenso ist in Adm. 10,6-12 jeweils "Vernichtet ist die herrliche Residenz" zu übersetzen. Der Kotext ist zwar sehr lückenhaft, aber da in Adm. 9,8-10,2 eine Sektion vorausgeht, in der *ḥč̦i̱* trotz der Pluralstriche in 10,2 sicher als "Vernichtet ist" zu übersetzen ist (GARDINER 1909, S. 70), ist meine Übersetzung der üblichen Auffassung als pluralische Imperative "Vernichtet die Feinde der herrlichen Residenz" vorzuziehen. Zum Verständnis des Kotextes möchte ich noch bemerken, daß *ś:ʿšꜣ* in Adm. 10,7 eventuell "huldigen, preisen" bedeutet. Dies Wort ist im Demotischen (*šʿš*) und Koptischen gebräuchlich, hieroglyphisch-hieratische Belege sind Urk. VI, 73,6; 107,6 und – gegen WB IV, 55,19 – wohl auch P. Bremner-Rhind 3,23; 9,13.

Da FECHTS Deutung somit nicht möglich ist, bleibt weiter zu klären, was es mit der Prophezeihung auf sich hat. Wenn sie ein gutes Verhältnis zum Süden anrät, zur Exemplifizierung ihres Eintretens aber gerade die väterliche Eroberung von Thinis anführt, halte ich folgende Deutung für die wahrscheinlichste: Die Prophezeihung verlangt ein gutes Verhältnis innerhalb Ägyptens und droht demjenigen, der militärische Aktionen beginnt, eine Niederlage an.

Unabhängig von allen konkreten Deutungsfragen ist jedenfalls recht wahrscheinlich, daß es sich nicht um eine echte Prophezeihung handelt, sondern um ein vaticinium ex eventu, wie auch RÖMHELD 1989b, S. 27-28 annimmt.

# 4 Die historisch-politischen Angaben der Lehre für Merikare

## 4.1 Grundsätzliches

Nach Angabe der ersten Zeile des Werkes handelt es sich um eine Lehre, die der königliche Vater für seinen Sohn und Nachfolger verfaßt hat. Es hieße freilich, den Sinn des Textes zu verkennen, wollte man in ihm lediglich ein politisches Testament sehen. Ein solches Dokument wäre sicher nur in einem königlichen Archiv aufbewahrt worden und uns heute nicht mehr erhalten. Daß wir aber vier verschiedene Handschriften haben, beweist bereits auch abgesehen von den inhaltlichen und formalen Qualitäten, daß ein literarisches Werk vorliegt, das zur Verbreitung innerhalb eines Leserkreises bestimmt war.

Sofern man der Selbstzuschreibung glaubt, kann diese Verbreitung nur vom König ausgegangen sein, sei es vom Vater oder vom Sohn (BLUMENTHAL 1980, S. 38-40). Auch bei der Annahme eines pseudepigraphischen Schriftwerks kann wegen der im Mittelpunkt stehenden Fragen, wie der König regieren soll, sinnvollerweise nur der König selbst als Initiator dieser Schrift in Frage kommen. Damit handelt es sich um ein politisches Werk, in dem man Propaganda zugunsten des Königs vermuten darf.

Dieser Ansicht hat sich DERCHAIN 1989 entgegengestellt, der ein besonders unkönigliches Königsbild zu erkennen glaubt und deshalb das Produkt einer Opposition vermutet, die ein Gegenbild zu einem allzu idealen Königtum aufstellen wollte. Ein detailliertes Eingehen auf seine selten präzise ausgeführten Ansichten erübrigt sich, da die nachfolgende Analyse zeigen wird, daß der Text tatsächlich ein in vielen Zügen auch für spätere Zeiten verbindliches Königsideal zeichnet. Beispielhaft herausgegriffen seien nur zwei Punkte, in denen DERCHAIN besonders menschliche, unkönigliche Züge sehen will, nämlich 1. Die Furcht vor dem zurückkehrenden Totengeist und 2. Die Tatsache, daß der König unter Millionen erwählt ist.

Zu 1. : Hier übersieht DERCHAIN, daß z.B. die Pharaonen des Mittleren Reiches in den Ächtungstexten die Toten, möglicherweise hingerichtete Verbrecher, auf die sich die Lehre für Merikare zu beziehen scheint, als ernstzunehmende Feinde aufgeführt haben, und daß in Ritualen der Pharao grundsätzlich auch vor toten Feinden geschützt wird (POSENER 1958, S. 266 ff., 1987, S. 55 f.)[1].

1 Einige zusätzliche Beispiele: P. Brooklyn 47.218.50, I,18 (GOYON 1974); P. Brooklyn 47.218.156 I,2; II,4f.; V,3;8 (SAUNERON 1970); P. Berlin 13 242 III,2f.; 11 (SCHOTT 1957); P. Kairo 58 027 IV C 4 (GOLENISCHEFF 1927, S. 129).

Zu 2. : Obgleich Phrasen dieser Art im Mittleren Reich sonst nur von Privatleuten im Verhältnis zum König belegt sind (BLUMENTHAL 1970, S. 71, 293 ff.), sind sie im Neuen Reich und später häufig Bestandteil offizieller Königsideologie.[2]

Hinzu kommt, daß die Handschriften E und M im Fundzusammenhang mit eindeutig systemkonformer Literatur gefunden wurden.

## 4.2 Die Taten des Vaters

Um Mißverständnissen vorzubeugen, möchte ich betonen, daß es mir nicht darum geht, den Bericht des königlichen Vaters wortwörtlich für geschichtliche Realität zu halten, sondern darum, zu ermitteln, welche Idee von Ereignissen hier geboten wird. Grundsätzlich zu klären ist dabei die Sprechersituation.

Seit VOLTEN 1945, S. 84 f. wird üblicherweise angenommen, daß der Vater des Merikare bereits verstorben sei. Die meisten seiner Argumente beruhen auf unhaltbaren Hypothesen, einiges Gewicht behält aber die Passage E 139 f., die von der Wiederbegegnung im Jenseits spricht. POSENER 1966a, S. 344 versucht dies unter Hinweis auf den Schluß der Lehre des Ptahhotep zu entkräften, aber das ist nicht zwingend. Man kann umgekehrt interpretieren, daß Ptahhotep am Ende seiner Lehre als verstorben gedacht ist. Durch den Schluß der Sinuhe-Erzählung, wo der Ich-Erzähler vom Eintreffen seines Todes berichtet (GARDINER 1916, S. 117), erhält diese Annahme zusätzliches Gewicht.

Auch BLUMENTHAL 1980, S. 38ff. glaubt, daß die Lehre nach dem Tod des Vaters verfaßt worden sei, betont aber m. E. die Kritik am Vater gegenüber dem tatsächlichen Textbefund zu sehr.

Die Kommunikationssituation der Lehre für Merikare ist demnach die einer Abschiedsrede, eine auch sonst im Alten Orient übliche Gattung (KÜCHLER 1979, S. 425-430; VON NORDHEIM 1985, S. 127-133).

Der Bericht über die Taten des Vaters ist im wesentlichen im "historischen Abschnitt" enthalten, den zuerst SCHARFF 1936 als selbständige Einheit analysiert hat. Zunächst wird vom Verhältnis zum Süden gesprochen (E 68-74). Diese Passage gehört freilich zu den unklarsten des ganzen Textes. Sofern ich sie richtig verstanden habe, hätte der Süden einen Angriff gegen den Norden unternommen, sei dabei aber – in Übereinstimmung mit einer alten Prophezeihung – nicht erfolgreich gewesen, vielmehr habe Merikares Vater im Gegenzug sogar das bisher von den Thebanern gehaltene Thinis erobern können. Das hier-

2 Einige Beispiele: Urk IV, 1722,15; 2114,9; KRI I 46,12f.; V 672,1f.; Urk II, 86,2.

für gewählte sprachliche Bild sowie die Anführung eines nicht gleich erfolgreichen Vorfahren machen klar, daß es sich hier um eine positiv verstandene Leistung handelt.

Anschließend wurde ein mit Verträgen besiegelter Waffenstillstand geschlossen, der zur Zeit der Lehre, dem Regierungsbeginn Merikares, noch andauert. Das heißt aber auch, daß die Gebietseroberungen der Herakleopoliten zu dieser Zeit weiterhin gehalten werden, worauf vor allem das Tempus in E 72, sofern korrekt überliefert, hindeutet.

Erheblich ausführlicher wird über die Kämpfe im Deltagebiet gesprochen, das in drei Bereiche unterteilt wird. Den Westen hat der König "befriedet". Die genaue Nuance dieses Wortes ist umstritten (WARD 1971, S. 26 Anm. 98 mit weiterer Literatur; MÜLLER-WOLLERMANN 1985, S. 137 f.; ZIBELIUS-CHEN 1988, S. 148 f.), es dürfte sich aber nicht um die Eroberung bisher feindlichen Territoriums handeln, allenfalls darum, daß bisher bestehende Unsicherheiten, wohl durch bis in dieses Gebiet reichende Asiatenraubzüge, ausgeräumt wurden.

Im Ostdelta wurden die bisher einfallenden Asiaten besiegt und die Grenze durch die Anlage von Wehrsiedlungen gesichert (E 96 ff., 88 ff.), was im Mittelbereich des Deltas geschieht, ist weniger klar (E 84 f.).

Nach der Vertreibung der Asiaten wurde das Delta verwaltungsmäßig reorganisiert, dabei vor allem in kleinere Einheiten aufgeteilt, die von Leuten im Status von "Freien" bewirtschaftet wurden (E 85-87, EYRE 1990, S. 140 f.). Was der Begriff *wᶜb* (E 86, 101 und 103) genau bedeutet, ist unklar, wodurch die zugrundeliegenden fiskalischen Details nicht deutbar sind.

So kann der König den Schluß ziehen, daß es innerhalb der Grenzen keine Feinde mehr gibt (E 80 f.) und die Asiatengefahr vernachlässigbar gering ist (E 97 f.). Somit hat der Vater Grund, auf eine erfolgreiche Regierung zurückzublicken und von seinem Nachfolger Nachahmung zu fordern (E 90 f.).

Ausgenommen von dem insgesamt positiven Bild bleibt lediglich ein bezeichnenderweise außerhalb des historischen Abschnittes stehendes Ereignis, das ausführlich, wenn auch schwer verständlich, geschildert wird (E 119-123, s. Exkurs 1). Offensichtlich sind in königlicher Verantwortung ältere Denkmäler zerstört worden, und zwar, sofern der Anschluß an E 77 f. möglich ist, zur Konstruktion des Königsgrabes. Jedenfalls ist für diesen Frevel eine Vergeltung erfolgt, die etwas unklar als *ḏ3r.w* bezeichnet wird.

Auch wenn hier schlechte Ereignisse zur Sprache kommen, möchte ich der Feststellung "aber das negative Urteil überwiegt" (BLUMENTHAL 1980, S. 38) entgegentreten, insbesondere aufgrund einer Neuanalyse von E 69 ff. Trotz offen ausgesprochener Kritik haben die erfolgreichen Leistungen wenigstens gleiche, eher überwiegende Bedeutung.

Nicht überbewerten sollte man die Merikare gewünschte Bezeichnung "Der die Zeit des Elends beendet" (E 142). Zwar würde sie, wörtlich genommen, tatsächlich die Regierungszeit des Vaters als Elendszeit bezeichnen, tatsächlich steht hinter ihr aber das bekannte Konzept, den Regierungsantritt jedes neuen Königs als Ende des Elends und Beginn einer Heils-Zeit zu sehen (OTTO 1964-66, S. 166, ASSMANN 1983b)[3]. Man sollte hier also keine spezielle Kritik am Vater sehen, besonders wenn sich die Aussage auf die Überwindung der Rebellion bezieht, mit der Merikare bei seinem Herrschaftsbeginn rechnen muß.

### 4.3 Stellung und Aufgaben des Sohnes

Erheblich ausführlicher als auf die Herrschaft des Vaters geht der Text auf die Aufgaben des Sohnes ein. Auch die Passagen über das Königtum im allgemeinen habe ich hier verarbeitet. Außenpolitisch soll ein gutes Verhältnis zum Süden weiter gepflegt werden (E 74 ff.), gegenüber den Asiaten sind besondere Anstrengungen nicht mehr nötig (E 97), die Wehrhaftmachung der Grenze gegen den Süden (E 106), sofern korrekt übersetzt und richtig verstanden, könnte eher auf eine Bedrohung durch Nubier bezogen werden, deren Vordringen bis Thinis in einem Text aus Nag$^{c}$ ed-Deir erwähnt wird (Peck 1958, S. 84), und ist wohl ebenso wie die unmittelbar anschließende Empfehlung, im Delta zu bauen, als allgemeine Sicherungsmaßnahme zu verstehen.

Der Schwerpunkt der Ermahnungen liegt offensichtlich im innenpolitischen Bereich. Erstes Anliegen ist hier, die Loyalität der Untertanen zu gewinnen, ein keineswegs unproblematisches Unterfangen. Dies zeigt sich an der Ausführlichkeit, mit der auf das Verhalten gegen Aufrührer eingegangen wird (besonders E 1-28). Obgleich die Zerstörungen der Handschriften viele Details verunklären und auch zu einer Unterschätzung dieses Abschnitts führen können, läßt sich einiges erkennen (POLAČEK 1969, S. 28-29; BLUMENTHAL 1980, S. 6).

E 1-4 bietet offenbar eine generelle Einführung, anschließend folgen konkrete Anweisungen für wenigstens vier verschiedene Situationen, die durch *ir gmi̱=k* eingeleitet werden, das mutmaßlich auch in E 4 zu ergänzen ist, und abgestuftes Handeln erfordern. Im ersten Fall (E 4-13) ist die Ausgangsposition unklar, am Ende wird offenbar für den Rebellen und seine Anhänger die Todesstrafe empfohlen.

3 Einige Textbelege: KRI VI, 13,7; 23,6 f.; 68,12-69,13; 225,5 f.; 332,10 f.; 390,9 f.

Im zweiten Fall (E 13-21) ist der Gegner wohl eine höhergestellte Persönlichkeit, Herr einer Stadt oder Siedlung. Hier scheint zumindest für die Anhänger Gnade empfohlen zu sein, nach einer gewissen Zeit der Haft können sie als Friedfertige entlassen werden.

Der dritte Fall (E 21-24) ist besonders schwerwiegend. Der Rebell ist hier ein geschickter Volksredner, der viele Anhänger und deshalb eine starke Position besitzt. Infolgedessen ist ein strenges Durchgreifen angebracht. Rebell und Anhänger werden getötet und verfallen der Damnatio Memoriae (POSENER 1946).

Auch im vierten Fall (E 25-28) handelt es sich um einen wegen rhetorischer Fähigkeiten gefährlichen Gegner, der allerdings noch im Anfangsstadium seiner Tätigkeit ertappt wird. Infolgedessen reicht es aus, ihn persöhnlich anzuzeigen und zu vernichten, um die Hitze des Aufruhrs zu beseitigen. Es folgen (E 28-30) möglicherweise noch einige generelle Maßnahmen gegen das Ausbrechen einer Rebellion, die Details sind wegen der Textlücken schwer zu deuten.

Im Zusammenhang mit der Niederschlagung der Revolten sind auch die allgemeinen Ausführungen zur Bestrafung zu sehen. Grundsätzlich wird Prügelstrafe und Haft vorgezogen (E 48 f.), die Todesstrafe wird für Rebellen, die gegen den König und den Gott planen, reserviert. Hier ist die Todesstrafe in der göttlichen Weltordnung begründet (E 49 f.). Der Vermutung von LORTON 1977, S. 13, daß derjenige, der kriminelle Taten nur plane, nicht der königlichen Bestrafung unterliege, sondern erst im Jenseits bestraft werde, vermag ich nicht zu folgen. Auch die Möglichkeit einer Amnestie wird erörtert, wenn dreimal (E 48, 50, 139 f.) vom Töten abgeraten wird. Gegen BLUMENTHAL 1980, S. 33 kann ich hier aber keinen Widerspruch zur Tötungsaufforderung sehen, da meiner Übersetzung nach an allen drei Stellen nur ein bedingtes Tötungsverbot verhängt wird. Nicht-Töten ist ratsam, sofern es politisch opportun ist, wobei in E 139 die Amnestie auf die Grundlage göttlicher Gnade gestellt wird. Andererseits sind auch die Tötungsempfehlungen des ersten Teils situationsbedingt; auch dort wird der Gnade ein Platz eingeräumt.

Daneben soll der König sich bemühen, Rebellion nicht erst aufkommen zu lassen. Dafür stehen taktische Mittel zu Gebot, besonders eine geschulte Rhetorik, mit der der König die Leute für sich einnimmt (E 32 ff., 39 f.). Diese Fähigkeit gründet sich auf eine Verbindung mit der Tradition (E 34 ff.) und gute Schulung (E 36, vielleicht auch E 51).

Hinzu kommt ein generell freundliches Auftreten, mit dem der König die Untertanen für sich gewinnt (E 36 ff.). Konkret äußert sich die freundliche Behandlung darin, daß diejenigen, die dem König dienen, materiell gutgestellt werden (E 42 f., 61) und nach einem erfolgreichen Leben auf Erden auch im Jenseits ein glorreiches Geschick erwarten können (E 140 f., FECHT 1991, S. 120). Diese Förderung der Loyalen richtet sich nach ihrer persönlichen Fähigkeit (E 61 f.), bietet also auch sozialen Aufsteigern Chancen.

Hinter diesen zunächst realpolitischen Aufgaben steht als Grundkonzept die Verwirklichung der *M3ᶜ.t* als Aufgabe, die der König durch direktes Handeln (E 46 ff.) ebenso wie durch indirektes Einwirken auf die Beamten (E 42 ff.) lösen soll (Dazu ASSMANN 1970, S. 58-65). Basis dieser Handlungsweise ist die Kenntnis, daß vor Gott und im Jenseits nur *M3ᶜ.t*-gerechtes Verhalten Bestand hat (E 30, 53-57, 127 ff.).

Damit kommt man zur generellen religiösen Verbundenheit des Königtums. Neben der ethischen Verwirklichung der *M3ᶜ.t* steht eine kultisch-rituelle. Für den König bedeutet dies persönlichen Vollzug des Kultes (E 63-65), vor allem aber den reichlichen Bau von Tempeln für die Gottheit (E 63, 107 f.), die auch reich ausgestattet werden sollen (E 65 f., 112, 129 f.), Handlungen, für die wiederum der Gott sich erkenntlich erweist (E 67, 130). Neben der Verpflichtung zum Neubau steht auch die Erhaltung der Denkmäler, die Vorgänger erbaut haben (E 114 f.), wobei die Kontinuität des Königtums über Dynastiegrenzen hinweg wirkt.

Das Königtum ist generell in Gott begründet, der König ist von Geburt an weise und durch den Gott vor anderen auserwählt (E 115 f.), die Herrscher sind von Gott geschaffen (E 135 f.), um die *M3ᶜ.t* zu verwirklichen. Den Ausführungen von Brunner 1955, S. 6, dies bedeute keine göttliche Legitimation des Königs, kann ich besonders wegen E 115 f. nicht folgen.

Das sich ergebende Bild ist relativ klar. Der Herrscher, von Gott eingesetzt und in eine Kontinuität eingebettet, übernimmt es auf allen Ebenen, die Weltordnung zu erhalten, durch rituellen Kultvollzug ebenso wie durch Förderung derer, die der Weltordnung folgen und durch Bestrafung derer, die gegen sie rebellieren (ASSMANN 1983a, S. 277 ff.).

Insgesamt ist dies ein für Ägypten relativ typisches, allgemeingültiges Idealbild, wobei freilich die Tatsache, daß es in dieser Ausführlichkeit dargelegt wird, ebenso wie viele Details doch spezielle Zeitbezüge ergeben. Deutlich ist, daß hier das Idealbild eines die Menschen für sich einnehmenden Herrschers gezeichnet wird, so daß verständlich wird, wenn man ihn in gutem Andenken behält (E 141 f.) und in späterer Zeit sein erneutes Kommen wünscht (E 142 f.).

### 4.4 Der Schlußhymnus und das Wirken Gottes

Es mag überraschen, wenn ich in der historisch-politischen Auswertung auf einen so eindeutig religiösen Text wie den Passus E 130-138 eingehe, jedoch hat sich schon bei der Erörterung der politischen Rolle des Königtums dessen religiöse Fundierung gezeigt, zudem kann grundsätzlich im Alten Ägypten Religion kaum von Politik getrennt werden.

Generell zeigt sich Gott im Schlußhymnus als "Guter Hirte" (D. MÜLLER 1961, bes. S. 131 f.). Die Schöpfung der Welt dient dem Menschen, der Abbild Gottes und aus ihm entstanden ist. Allerdings ist damit zwar eine grundsätzliche Fürsorge für alle Menschen gegeben, aber keineswegs eine "Demokratisierung", vielmehr wird die hierarchische Herrschaftsstruktur ausdrücklich als gottgegeben angesehen. Die Auffassung, hier sei der Mensch frei gedacht, und man dürfe ihm gegenüber keinen Zwang ausüben (so HELCK 1985, S. 50; 1986, S. 34), scheint mir unmöglich.

Vielmehr finden sich an hervorgehobener Stelle, jeweils am Ende der beiden Unterabschnitte, Bemerkungen, daß der Gott Menschen getötet habe, obwohl sie als seine Kinder angesehen werden. Begründet wird dies einmal mit dem Planen einer Rebellion (E 134), zum anderen damit, daß die Bestrafung des einen Kindes dem Schutz des anderen diene (E 137 f.), d.h., die rebellisch-aufsässigen Personen werden hart bestraft, damit die richtige Weltordnung, in der für alle gesorgt ist, erhalten bleibt.

Hier zeigt sich die Kehrseite der fürsorglichen Haltung; für ein Versorgen der Menschen wird andererseits Loyalität verlangt, wird sie nicht erbracht, so übt der Gott seine strafende Macht aus. So bedeutet der Schlußsatz des Hymnus "Gott kennt jeden Namen" nicht nur ein Wissen, das Fürsorge bedeutet (so OCKINGA 1984, S. 72 f.), sondern vielmehr eine absolute Macht Gottes über die Menschen, wie es sich nach den ägyptischen Vorstellungen vom Kennen des Namens ergibt (ORBINK 1925, S. 56-133).

Damit dürfte die enge Verbindung von Königsbild und Gottesbild offensichtlich sein. Die Dichotomie von Versorgung der Loyalen und Strafe für die Rebellen ist beiden gemeinsam, der Gott steht allerdings noch eine Stufe höher, indem er Naturphänomene beherrscht und grundsätzliche Institutionen schafft. In die Praxis umgesetzt, bietet das göttliche Vorbild dem Herrscher eine Legitimation zur Niederschlagung von Opposition.

Daher kann ich die Annahme, hier liege ein selbständiges Textstück vor, dessen Anschauungen der sonstigen Lehre widersprächen (BLUMENTHAL 1980, S. 20), nicht teilen. Die Anschauungen des Hymnus passen so gut zum

Rest der Lehre, daß er aller Wahrscheinlichkeit nach bewußt für sie geschrieben ist, selbst wenn andere, uns nicht erhaltene, Vorbilder existiert haben sollten.

Die allgemeinen Ideen des Hymnus tauchen auch in späterer Zeit wieder auf. So finden sich viele Anschauungen, etwa die Erschaffung der gesamten Schöpfung als Werk Gottes, die Idee des "Guten Hirten" und die Bestrafung der Rebellen in den Hymnen des P. Beatty IV recto (GARDINER 1935, S. 28-37, Pl. 13-17), allerdings nicht mehr in solch knapp konzentrierter Form.

Auf einige Punkte im Zusammenhang mit der Tötung der rebellischen Kinder möchte ich noch hinweisen. Schon GARDINER 1914, S. 34 hat hier einen Zusammenhang mit dem Mythos von der Vernichtung des Menschengeschlechtes gesehen. Die prinzipielle Ähnlichkeit ist unverkennbar, jedoch hat HORNUNG 1982, S. 79-81 die Entstehung des Mythos erst im Neuen Reich wahrscheinlich gemacht, direkte Abhängigkeit, falls vorhanden, könnte also nur von der Lehre für Merikare ausgehen. HORNUNGS Datierung wird vom GUILHOU 1989, S. 135-142 angezweifelt, die jedoch keine zwingenden Argumente für eine Frühdatierung bringt. Hinsichtlich der angeblichen archaischen Schreibung des Gottes Seth hat HORNUNG 1982, S. 62 sicher recht, die Deutung von 𓋴𓏏 als Seth abzulehnen. Im übrigen würde die Erwähnung von Seth in der Barke des Re, selbst wenn sie tatsächlich im Text vorläge, kein Argument für eine Frühdatierung darstellen, da die Masse der textlichen und bildlichen Zeugnisse dieser Vorstellung (KEEL 1990, S. 233-236; 309-321) aus dem Neuen Reich stammt.

Ferner hat ASSMANN 1984, S. 202 ff. Verbindungen zwischen der Tötung der Menschen und dem Vorwurf an Gott in den Admonitions gezogen, der Hymnus würde die im Vorwurf beklagte Verminderung der Herde und das Herrschen der Gewalt dadurch überwinden, daß es sich um eine sinnvolle, von Gott ausgehende Gewalt handele, wodurch eine Sinnhaftigkeit der Welt erwiesen sei.

Hier erscheint mir aber vieles problematisch. Die Tötung im Hymnus ist eher das Strafgericht, mit dem, nachdem die Bösen Gewalt angewendet haben, die Ordnung wiederhergestellt wird, folglich können sich beide Texte kaum auf dasselbe Töten beziehen. Die im Vorwurf an Gott beklagte Gewalt ist allenfalls die Rebellion, die im Hymnus durch neue Gewalt niedergeschlagen wird. Hinzu kommen die bekannten Probleme mit der Datierung der Admonitions (s. Kapitel 5.1), die es geraten sein lassen, keine zu direkten Beziehungen zwischen beiden Texten zu ziehen.

Ebenfalls problematisch sind die von ASSMANN 1984, S, 204-208 angenommenen Beziehungen zwischen Sargtext Spruch 1130 und dem Hymnus des Merikare. Da eine gründliche Bearbeitung dieser Frage eine redaktionelle Studie des gesamten Zweiwegebuches erfordern würde, die hier nicht geleistet werden kann (s. vorerst OTTO 1977 und SILVERMANN 1989), muß ich mich mit kurzen Andeutungen begnügen.

Zur Übersetzung ist zu sagen, daß ASSMANNS Übersetzung von CT VII 461e als "Als die Entrüstung gestillt werden mußte unter der Barkenmannschaft" wohl fehlerhaft ist, am wahrscheinlichsten ist "Zu denen, die das Wüten stillen bei der Barkenfahrt des Hofstaats" (so auch LICHTHEIM 1973, S. 131).

Schwierig ist auch hier die Frage der Datierung. Von den Textzeugen stammen die ältesten der Särge aus Bersche aus der späten 11. bis frühen 12. Dynastie (WILLEMS 1988). Der Text aus Kom el-Hisn, wo allerdings der Spruch 1130 nicht überliefert ist, könnte noch älter sein. Die Datierung ist hier jedoch besonders unsicher und das Argument von WILLEMS 1988, S. 246 Anm. 23, die Unterscheidung von und sprāche für eine Datierung ins Mittlere Reich, ist ohne Wert, da diese Differenzierung bereits in den Siuttexten der Herakleopolitenzeit vollständig durchgeführt ist (EDEL 1984a, S. 31). Die Vorlagen der Särge könnten noch früher zu datieren sein, einige textliche Kriterien dafür sind: Schreibung *mr* für *mi* in CT VII 463d B1L, Form *n nḥmm* in CT VII 467d, futurisches *n śbi.(w)* in CT VII 468e. Das spräche für ein relativ hohes Alter der Vorlage, eventuell noch im Alten Reich, so daß ein direkter Bezug zum Merikare eher unwahrscheinlich ist.

## 5 Merikare und die herakleopolitanisch-thebanische Rivalität nach den zeitgenössischen Quellen

### 5.1 Einleitung

Ziel diese Kapitels ist es, Grundzüge der geschichtlichen Entwicklung klarzustellen, die es ermöglichen, die Historizität der Lehre für Merikare zu überprüfen. Da übliche Darstellungen der ersten Zwischenzeit, ausgenommen der Überblick bei GESTERMANN 1987, S. 17-47, ihr Geschichtsbild wesentlich nach den Angaben der Lehre richten, scheint es mir unverzichtbar, zunächst ausschließlich nach den nichtliterarischen Quellen zu arbeiten.

Besonderen Wert lege ich auf Fragen der Datierung. Dabei gilt es, zu unterscheiden zwischen der Datierung eines Denkmals selbst, die günstigstenfalls durch Königsnamen geliefert wird, sonst aus paläographischen, stilistischen und inhaltlichen Kriterien gewonnen werden kann, und der Datierung des auf dem Denkmal beschriebenen Ereignisses. Letzteres kann, besonders bei Biographien, die das ganze Leben überblicken, deutlich früher sein.

Die Königsabfolge und Regierungsdauer der 11. Dynastie wird im folgenden als bekannt vorausgesetzt, dagegen sehe ich noch keine Möglichkeiten, zu einer genügend sicheren Abfolge der Könige der herakleopolitanischen Dynastie zu kommen. Die bei VON BECKERATH 1966 vorgenommene Plazierung des Fragments 48+36 in den unteren Bereich der Kolumne IV des Turiner Königspapyrus muß mit LOPEZ 1973, S. 179 f., Anm. 3 und REDFORD 1986, S. 4 Anm. 19 als sehr zweifelhaft angesehen werden, was die Möglichkeiten der Rekonstruktion weiter verringert.

Auf den Versuch einer absoluten Chronologie habe ich verzichtet, die neuesten Versuche bei BARTA 1981, BROVARSKI 1985 und FRANKE 1988b, S. 133 müssen als relativ unsicher angesehen werden.

Auch die Versuche einer Radiokarbondatierung (GEYH/MUNRO/GERMER 1989) scheinen noch nicht zu gesicherten Ergebnissen zu führen. Im übrigen sollte bei derartigen Studien in Zukunft unbedingt die Quelle des Materials angegeben werden. So frage ich mich, ob die Proben "eines ungestörten Begräbnisses aus der Herakleopolitenzeit" (l. c. S. 70) etwa aus dem Grab Assiut 6 oder 7 (CHASSINAT/PALANQUE 1911, S. 4-154) stammt, Gräbern, die zwar ungestört sind, aber kaum vor die 12. Dynastie zu datieren sind (SCHENKEL 1962, S. 117-118; WILLEMS 1988, S. 102-104).

## 5.2 Die Quellen des Südreiches

Ich beginne die Darstellung mit der Regierungszeit Antefs II *W3ḥ-ʿnḫ*. Die davorliegende Periode ist erheblich schwieriger zu rekonstruieren und für meine Fragestellung auch unerheblich, da die in der Lehre für Merikare geschilderten Ereignisse sicherlich nicht so früh anzusetzten sind.

Antef II war mutmaßlich ein Bruder Antefs I *Ś:ḥrı̯-t3.wi*. Die von BERLEV 1981a, S. 369 angenommene Existenz eines dritten königlichen Bruders halte ich für sehr zweifelhaft, da dieser in späteren Königslisten niemals erwähnt wird. Die Begründung, Mentuhotep I trage den Titel "Vater der Götter" (im Plural), ist nicht ausreichend, der Dual könnte auch vermieden worden sein, weil "Die beiden Götter" zu sehr auf spezielle Konstellationen, z.B. Horus und Seth, festgelegt war.

Die früheste Quelle für die geographische Ausdehnung seines Herrschaftsbereiches ist die Stele des *Ḥtp.i* (GABRA 1976)[1]. Der historisch wichtige Teil befindet sich in Z. 4-5: *iw ç̌ṯ.n b3k im rʾ=f m ḥrı̯-ib sp3.t 7 n.t ẖn-nḫn t3-wr 3bç̌.w śk nn ç̌ṯ rʾ=f m nḫn wčś.t-ḥr.w t3-śti wp.w r b3k im ḥsı̯.n ḥm=f b3k im m mšʿ nı̯ h3ı̯.t r čni m ḫm.w...* "Dieser Diener sagte seinen (des Königs) Ausspruch inmitten der sieben Gaue von *ẖn-nḫn* und in Abydos im 8. oberäg. Gau, während es keinen gab, der seinen Ausspruch im 3., 2., und 1. oberägyptischen Gau sagte, ausgenommen dieser Diener. Seine Majestät belohnte diesen Diener mit (?)[2] einem Feldzug, der gegen Thinis ging im Staub (?)[3] von ...[4] ."

Demnach verlief die Nordgrenze des thebanischen Gebietes durch den 8. oberäg. Gau zwischen Abydos und Thinis. Inwieweit der erwähnte Feldzug gegen Thinis erfolgreich war, ist wegen der epigraphischen Probleme nicht erkennbar. Die Beschreibung der drei südlichsten Gaue deutet darauf hin, daß sie erst kürzlich unter thebanische Herrschaft gekommen waren, mutmaßlich von den Erben des Anchtifi, kaum, wie GABRA 1976, S. 53 annimmt, von Anchtifi selbst.

Der Text ist durch den Königsnamen in Z. 1 in die Zeit Antefs II datiert, für eine genauere Datierung der historischen Ereignisse ist Z. 8. wichtig: *św3.n=i rnp.wt ś:ḥç̌ nb h3ı̯.w r ḥw.t-nčr ... ir grt ḥm-nčr nb [b]sı̯.n=i bsı̯.n=i s3=f iw grt irı̯.n=i ḥm.t ḥr ... śk ink iś ḫpr.w ḥnʿ mʾw.t n.t iti=ś iti nı̯ mʾw.t=ś iw mśı̯.n=ś ẖʾ.t 12 iw šṯı̯.n=i ẖr[ṯ.w]=śn.* "Ich übertraf die Jahre aller Vorsteher, die zu diesem Tempel

1 Prof. Schenkel ermöglichte es mir, gute Detailphotographien zu benutzen.

2 So eher als "für" (GABRA).

3 Determinativ wohl als zu normalisieren.

4 Unlesbar und unklar.

gekommen waren ... Jeder Priester aber, den ich ins Amt einführte, dessen Sohn führte ich ins Amt ein. Ich nahm mir eine ...[5] Frau, während ich ein Heranwachsender[6] zusammen mit der Mutter ihres Vaters und dem Vater ihrer Mutter gewesen war. Sie gebar 12 Leute. Ich zog[7] deren Kinder[8] groß."

Demnach hat *Ḥtp.i* ein sehr hohes Alter erreicht; und da er die Priesterstelle mutmaßlich nach seiner militärischen Tätigkeit erhalten hat, kann man die in Z. 4-5 geschilderte historische Situation mit einiger Sicherheit in die frühen Jahre Antefs II datieren, wo sie auch gut passen.

Die nächste Entwicklung des Grenzverlaufs zeigt die Stele des *Č̌č.i* BM 614, TPPI § 20. Die wichtigsten Angaben finden sich in Z. 3: "Ich verbrachte eine an Jahren reiche Lebenszeit unter der Majestät meines Herrn, des Horus *W3ḥ-ᶜnḫ*, während dies Land unter seiner Authorität war südlich bis Elephantine, nördlich bis Thinis im 8. oberäg. Gau."

Hier zeigt sich gegenüber der früheren Angabe eine Grenzerweiterung nach Norden. In der Wissenschaft hat diese Passage jedoch zu einigen Mißverständnissen Anlaß gegeben. Da der Text selbst in der Zeit Antefs III *Nḫt-nb.w-tp-nfr* verfaßt wurde, haben SCHARFF 1936, S. 52 und LICHTHEIM 1988, S. 45 Anm. 14 geglaubt, die Grenzdefinition auf die Zeit dieses Herrschers beziehen zu müssen. Der Text, der die Grenze ausdrücklich auf *W3ḥ-ᶜnḫ* bezieht, erlaubt diese Annahme nicht. Die einfachste Erklärung wird sein, daß *Č̌č.i* hier den Grenzstand zu Beginn seiner an Jahren langen Dienstzeit beschreibt, vor den im folgenden erörterten weiteren Eroberungen Antefs II.

Historisch bemerkenswert an dem Text ist noch, daß in Z. 5 f. von Lieferungen aus dem ganzen Land einschließlich Unterägyptens gesprochen wird, und auch die Oberhäupter der Wüste als dienstbar erwähnt werden.

Über den nächsten Schritt berichtet die Hundestele Antefs II Kairo 20 512, TPPI § 16. In Z. 3 heißt es: "...Ich machte seine (des thebanischen Gebietes) nördliche Grenze bis zum 10. oberäg. Gau. Ich schlug den Landepflock im Tal des *Ḥsy* ein. Ich eroberte den ganzen 8. oberäg. Gau, nachdem ich seine (des 10. Gaues) Festungen geöffnet und ihn zur Tür hinter mir gemacht hatte."

Nach SCHENKEL 1965, S. 93; 1976, S. 52-56 hat Antef II die Grenzbefestigung im 8. Gau zunächst umgangen, den 10. Gau erobert und anschließend

5 Das Zeichen ist nur teilweise erhalten und nicht sicher lesbar.

6 Deutung von *ḫpr.w* im ungefähren Anschluß an FECHT 1972, S. 92.

7 *Šṭ* in der hieratischen Form ⲁo geschrieben.

8 Lesung auch nach den Photographien unsicher.

die feindlichen Linien von hinten aufgerollt. Die Zweifel von GOMAA 1986, S. 24 Anm. 17 halte ich für unnötig.

Die Stele selbst ist in das 50. und letzte Regierungsjahr Antefs II datiert, mutmaßlich erst posthum errichtet (SCHENKEL 1976, S. 53; s. auch SCHAEFER 1986). Für die Datierung der geschilderten Kämpfe selbst gibt es keine sicheren Anhaltspunkte.

Von Kämpfen berichtet auch die Inschrift auf dem Türsturz der Grabkapelle Antefs II (SCHENKEL 1976, S. 50-51), die sich auf dieselben Kämpfe beziehen könnte, aber zu fragmentarisch ist, um hier verwertet zu werden.

Über diese Zeit spricht auch die Stele des *Č̣3r.i* Kairo 12/4/22/9, TPPI § 18: "Horus *W3ḥ-ʿnḫ*, König von Ober- und Unterägypten, Antef, Sohn der *Nfr.w* schickte mich aus, nachdem ich mit dem Haus des Che<t>i im Westen von Thinis gekämpft hatte ... Der Herrscher ließ mich stromab fahren, um diesem ganzen Land Nahrung zu verschaffen, südlich bis Elephantine, nördlich bis zum 10. oberäg. Gau ... Ich verlegte die Grenze bis zum Tal des *Ḥsy*." Die hier geschilderten Kämpfe sind mutmaßlich identisch mit den in den königlichen Denkmälern geschilderten.

Problematisch ist die Datierung dieser Stele sowie der ebenfalls von *Č̣3r.i* stammenden Stele Brüssel E. 4985 TPPI § 19. VANDIER 1964, S. 11 f. Anm. 3 will die Texte in die Zeit Antefs I und die frühen Jahre Antefs II datieren, seine Argumente sind aber keineswegs zwingend, vielmehr scheint mir hier eher die Endphase der Expansion unter Antef II dokumentiert. Dafür spricht auch, daß der Stelentext inhaltlich von den königlichen Denkmälern abhängig scheint und deshalb kaum vor den letzten Jahren Antefs II entstanden sein kann (SCHENKEL 1976, S. 57, 1978, S. 40). Die Datierung der historischen Ereignisse kann innerhalb der langen Regierungszeit Antefs II nicht genauer bestimmt werden.

Weniger ergiebig ist die Stele Leiden V 3 (zuletzt Lichtheim 1988, S. 73 f.) aus dem 33. Jahr Sesostris I, in der der Steleninhaber berichtet, sein Großvater[9] sei zur Zeit des *W3ḥ-ʿnḫ* Schreiber im thinitischen Gau gewesen. Wenigstens bei der Auffassung als Großvater kommen chronologisch nur die letzten Jahre Antefs II für die Amtseinsetzung dieses Vorfahren in Frage, da man mindestens 131 Jahre überbrücken muß, um das letzte Jahr Antefs II zu erreichen. Damit bestätigt dieser Text nur die schon bekannte Tatsache, daß am Ende der Regierungszeit Antefs II der gesamte thinitische Gau in thebanischer Hand war.

9 So nach LICHTHEIM, meist wurde "Urgroßvater" verstanden.

Als nächstes zu betrachten ist die Stele des *Rḏ̣i.w-ḫnm.w* Kairo 20 543 (zuletzt LICHTHEIM 1988, S. 42 ff.). Für die historische Entwicklung interessant ist vor allem Z. 10, wo sich in einer Eulogie auf die Königin *Nfr.w-k3y.t* der Ausdruck findet: "Spitze der Menschen, oben bis Elephantine, ihr Ende bis zum 10. oberäg. Gau", also eine Grenzdefinition, wie sie der in der späten Zeit Antefs II üblichen entspricht.

Die Stele selbst ist nach der Ähnlichkeit zu TPPI § 20 am ehesten in die Zeit Antefs III zu datieren (SCHENKEL 1965, S. 112), für die historische Auswertung wichtiger ist jedoch die zeitliche Ansetzung der Königin *Nfr.w-k3y.t*, der *Rḏ̣i.w-ḫnm.w* gedient hat und mit der die Grenzdefinition verbunden ist. Es handelt sich eventuell um die sonst als *Nfr.w* bzw. *Nfr.w-k3w* bekannte Mutter Antefs III, die Gemahlin Antefs II (SCHENKEL 1976, S. 45 Anm. 14), demnach gilt die Nordgrenze beim 10. Gau wohl für die Zeit Antefs II, läßt aber keine Schlüsse für die nachfolgende Zeit zu.

Zusammenfassend kann man für die Zeit Antefs II erkennen, daß die thebanische Nordgrenze in wenigstens zwei verschiedenen Expansionsschüben von Abydos über Thinis bis zum 10. Gau nach Norden verlegt wurde.

Mindestens theoretisch beanspruchte Antef II auch schon Gebiete außerhalb Ägyptens, wie neben der bereits erwähnten Stele des *Čč.i* besonders eine Inschrift aus dem Satet-Tempel von Elephantine zeigt: "[So spri]cht Chnum: Ich öffne dir die zwei Berge von Bigge, ich gebe dir die westlichen und die östlichen Fremdländer, ich werfe dir alle Rebellen nieder. Du bist der Herrscher der Lebenden, Sohn des Re, Antef der Große." (KAISER u.a. 1975, T. 20b).

Während für die Zeit Antefs II verschiedene Dokumente eine klare Entwicklung zeigen, ist die nachfolgende Zeit schwerer zu fassen. Schwierig zu beurteilen ist ein unpubliziertes Stelenfragment aus Dendera (GOMAA 1980, S. 152 f.), das möglicherweise dem oben erwähnten *Rḏ̣i.w-ḫnm.w* zuzuweisen ist und den Titel eines Gaufürsten des 16. oberägyptischen Gaues erwähnt.

Verschiedene Gründe sprechen aber für Zurückhaltung bei der Deutung des Textes. Der sehr fragmentarische Erhaltungszustand läßt den Textzusammenhang nicht erkennen. Wäre der Besitzer der Stele wirklich *Rḏ̣i.w-ḫnm.w*, so sollte man eine Erwähnung des Gaufürstentitels auch auf der Stele Kairo 20 543 erwarten. Abgesehen von diesem unsicheren Stück sind Gaufürsten im Bereich der thebanischen Herrschaft erst gegen Ende der 11. Dynastie, deutlich nach der Reichseinigung, belegt (GESTERMANN 1987, S. 171 f.).

Daher möchte ich diesen Text nicht als Beleg für eine weitere Ausdehnung des thebanischen Herrschaftsgebietes in dieser Zeit beanspruchen. Andererseits fehlen auch Beweise für die gelegentlich angenommene Rücknahme der Grenze in dieser Zeit, da dies nur auf einer fehlerhaften Deutung der Stele des *Čč.i* beruht. Einen indirekten Hinweis über die Mindestausdehnung liefert das Fragment Kairo 20 502 (SCHENKEL 1965, § 78), das in die Zeit Antefs III datiert ist und aus Abydos stammt. Mit einiger Sicherheit kann man annehmen, daß in dessen kurzer, nur acht Jahre dauernder Herrschaft keine größeren Veränderungen eingetreten sind.

Noch größer werden die Probleme, wenn es um die Zeit Mentuhoteps II geht, besonders um die Rekonstruktion der hier anzusetzenden Reichseinigung. Das erste konkret datierbare Ereignis aus seiner Zeit findet sich auf der Stele des *Inı̯-iti=f* BM 1203, TPPI § 23, Z. 15 f., wo es heißt: "Jahr 14, Aufstellen dieser Stele. Jahr, in dem Thinis rebellierte."

Mit diesem Aufstand möglicherweise zu verbinden ist die Angabe auf der Stele des *Çm.i* (T. G. ALLEN 1921, GOEDICKE 1960), Z. 4 f. "Ich ging herab nach Abydos mit *Mḥś* (?)[10]. Ich ließ ihn hinabgehen in sein Haus inmitten der Stadt. Niemand hatte die Macht, ihn anzugreifen."[11] Diese Aussage ließe sich als Wiedereinsetzung eines vertriebenen thebanischen Beamten durch militärische Gewalt verstehen, ein Problem ist aber die genaue Datierung des Textes, der meist einiges früher datiert wird. Jedoch datiert ihn GOMAA 1980, S. 155 in die Zeit Mentuhoteps II und bringt ihn bereits in Verbindung mit dem Aufstand von Thinis.

Ebenfalls in diese Zeit ghören könnte eine Angabe aus der Stele des *Ḥr.w-nḫt.i* Kairo JdE 46 048[12] Z. 3: *iw rčı̯<.n>=i bṭ.t n iwn.t r 3w=ś mi ḳṭ=ś m rnp.t 56 iti* [Hieroglyphe] *400 r čn.w rnp.t r* [Hieroglyphen] *m wn.t ḫry.t ḥnᶜ t3-wr.* "Ich gab Spelt für ganz Dendera insgesamt, 56 Jahre lang, 400 Sack Getreide pro Jahr zu ...[13], als Feindschaft mit dem 8. oberäg. Gau war."

FISCHER 1968, S. 132 Anm. 580, der diese Stelle zitiert, bringt die Feindseligkeiten sowohl mit der Eroberung von Thinis durch Antef II als auch mit der Rebellion unter Mentuhotep II in Verbindung. Ersteres ist zweifelhaft, da diese Eroberung, wenigstens was den Südteil des 8. Gaues betrifft, bereits früh in der Regierung Antefs II erfolgt sein muß.

10 Gegen GOEDICKE scheint mir diese Lesung nach Abklatsch und Photographie am wahrscheinlichsten.

11 Zur korrekten Übersetzung s. FISCHER 1968, S. 201 u. Anm. 799.

12 Unveröffentlicht, nach einer von F. Gomaa zur Verfügung gestellten Photographie.

13 Ein unbekanntes Wort.

Zur Datierung des Textes gibt es, da mir eine paläographische Bearbeitung hier nicht möglich ist, kaum Kriterien. Sofern das oben zitierte [Hieroglyphen] *ḫry.t* mit dem von SCHENKEL 1962, § 14-16 besprochenen Lautwandel *w>y* verbunden werden kann, hätte man einen Anhaltspunkt für eine Datierung nicht vor Mentuhotep II.

Schwer zu bewerten ist auch der Prozeß der Reichseinigung, der meist als gewaltsame Eroberung verstanden wird. Demgegenüber hat sich GOEDICKE 1982 für eine friedliche Einigung durch Verhandlungen ausgesprochen, seine Argumente bestehen aber weitgehend aus kühnen Hypothesen und offensichtlichen Irrtümern. Zudem liegt für die Reliefs im Wadi Schatt er-Rigale, auf die er sich im wesentlichen stützt, eine abweichende und wohl bessere Deutung durch BERLEV 1981a vor (s. auch BLUMENTHAL 1987a, S. 16-21 u. 35).

Auch die von HELCK 1955 angenommene Übernahme ehemaliger herakleopolitanischer Beamter durch die Thebaner ist zweifelhaft. Ganz ausschließen möchte ich den von ihm zitierten ersten Fall, nämlich die Stele des *Ḥty* (GARDINER 1917, Pl. IX, SCHENKEL 1965, § 477). Die entscheidende Passage lautet: "Ich war im Minengebiet, ich sah es, nachdem (?) ich die Fremdländer von *čnh.t* durchquert hatte. Ich war in den Häusern des Nördlichen, ich versiegelte (?) seine Schatzhäuser in diesem Berg der Domäne 'Horus von den Türkisterrassen' ". Mir scheinen die "Häuser des Nördlichen" hier eher ein Gebiet im Sinai zu bezeichnen als das herakleopolitanische Herrschaftsgebiet. Hinzu kommen nicht endgültig zu klärende Datierungsprobleme des Textes (SCHENKEL 1962, § 42 g, WARD 1971, S. 58 f.).

Der zweite von HELCK zitierte Fall, TPPI § 30, Z. 3 f. (s. BARTA 1970, S. 128-130), käme eher in Betracht, trotz eines Übersetzungsfehlers bei HELCK (s. SCHENKEL 1965, S. 239), da es sich hier jedoch um die Übernahme eines Facharbeiters handeln würde, kann man daraus für die Frage nach kriegerischer oder friedlicher Reichseinigung keine Schlüsse ziehen. Zudem wären auch andere Deutungen des Textes möglich, etwa, daß der Steleninhaber zwar Thebaner war, aber nach der Reichseinigung im ehemals herakleopolitanischen Gebiet gewirkt hat (so FISCHER 1959, S. 28 f.). Dafür spräche auch der auf thebanische Herkunft deutende Eigenname Antefnacht.

Es scheint mir angebracht, die gängige Annahme eines militärischen Sieges der Thebaner beizubehalten. Dafür sprechen: 1. Das Massengrab der "Slain soldiers" (WINLOCK 1945), sofern die Datierung stimmt (Zweifel bei FRANKE 1988a, Sp. 102, MÜLLER-WOLLERMANN 1989, S. 110). 2. Das Relief aus Gebelein, das in der Szene des Erschlagens der Feinde auch Ägypter einschließt (HABACHI 1963, S. 39 f., T. XI b). 3. Das Abbrechen der den Herakleopoliten loyalen Linie der Gaufürsten von Siut (s.u.). 4. Die absichtliche und umfassende Zerschlagung aller Denkmäler der ersten Zwischenzeit auf dem Friedhof von Herakleopolis.[14] Nicht herangezogen werden können dagegen die Graffitti aus Hatnub und Abisko, die nach WILLEMS 1983/84 deutlich nach die Reichseinigung datiert werden müssen. Dagegen können einige Fragmente aus dem Grab des *Inỉ-ỉtỉ=f*, die Kämpfe von Ägyptern gegen Ägypter zeigen, sich auf die Kämpfe zur Reichseinigung beziehen (JAROŠ-DECKERT 1984, S. 76 f.), der extrem fragmentarische Erhaltungszustand gebietet jedoch Vorsicht bei der historischen Auswertung.

Unklar ist die Datierung der Reichseinigung. Die Versuche, aus den Veränderungen des Horusnamens Schlüsse zu ziehen, führen nicht zu klaren Ergebnissen (GESTERMANN 1984, 1987, S. 35-47), besonders, da man nach ARNOLD 1969 für die frühere Zeit Mentuhoteps II mit dem gleichzeitigen Bestehen mehrerer Horusnamen rechnen muß.

Nicht akzeptieren kann ich das von BARTA 1981, S. 32 berechnete Datum der Reichseinigung im 27. Jahr Mentuhoteps II. BARTA geht dabei von den 43 Jahren für die 11. Dynastie aus, die Manetho angibt, und nimmt sie als Jahre der thebanischen Alleinherrschaft in Anspruch. Da aber Manetho selbst diese Zahl als Gesamtsumme der {1}6 thebanischen Herrscher, also einschließlich derer vor der Reichseinigung angibt, und es sich wohl um eine Verderbnis der im Turiner Königspapyrus genannten 143 Jahre handelt, geht seine Rechnung von falschen Voraussetzungen aus.

Mir scheinen einige Punkte für eine relativ frühe Datierung der Reichseinigung zu sprechen. In der Inschrift des *Ḥnwn* Kairo JdE 36 346, TPPI § 24 findet sich im biographischen Teil in stark zerstörtem Kotext die Erwähnung: "[Ich folgte meinem Herrn (o. ä.) von] Oberägypten bis zum Delta" (Z. 9), die für eine zu dieser Zeit bereits vollzogene Reichseinigung spricht. Der Steleninhaber hat nun nicht nur Mentuhotep II gedient, sondern auch dessen Vorgängern Antef II und III, wobei er für den Dienst unter Antef II "eine lange Zeit von Jahren"[15] (Z. 4) angibt. Auch wenn man diesen Ausdruck, da es sich um eine damals häufige Phrase handelt (POLOTSKY 1929 § 42), nicht zu wörtlich nehmen darf, wird man für die Errichtung der Inschrift kaum wesentlich über das

14 Hinweis von Prof. Vernus. Die Datierung müßte allerdings noch abgesichert werden.

15 Die Formulierung für die Zeit unter Antef III ist nicht erhalten.

20. Regierungsjahr Mentuhoteps II hinausgehen können, der zudem in Z. 5 noch mit dem ältesten Horusnamen *S:ᶜnḫ-ib-t3.wi* bezeichnet wird.

Weitere Hinweise auf eine frühe Reichseinigung ergeben sich aus dem Grab des *Inı-iti=f* (TT 386). Dies Grab muß nach paläographischen, bautypologischen und archäologischen Befunden relativ früh in der Regierung Mentuhoteps II entstanden sein, früher als die meisten anderen Gräber dieser Herrschaftszeit (JAROŠ-DECKERT 1984, S. 116-136). Dennoch wird die Übernahme des memphitischen Kanons als Hinweis auf eine Entstehung nach der Reichseinigung angesehen werden müssen (EATON-KRAUS 1988, S. 271). Dagegen schlägt WILLEMS 1989, Sp. 598 vor, daß die Ausschmückung des Grabes zwar früh begonnen habe, aber erst spät, nach der Reichseinigung, abgeschlossen worden sei. Diese Theorie ist relativ unwahrscheinlich und beruht offenbar nur auf der problematischen Korrelierung von Reichseinigung und veränderter Orthographie des Namens *Nb-ḥpt-rᶜ.w*.

Auch die im Grab dargestellte Erstürmung einer asiatischen Festung kann sinnvollerweise nur in einer Situation nach der Reichseinigung verstanden werden (BIETAK 1985a, S. 92 Anm. 23). Den Vorschlag von SCHULMAN 1982, S. 180-183, hier werde die Eroberung von Herakleopolis dargestellt, halte ich für abwegig. Zudem sind Feldzüge Mentuhoteps II in Asien auch sonst belegt, besonders in der historischen Inschrift aus ed-Deir (FISCHER 1964, S. 112-118), die die auch sonst bekannte syrische Lokalität *ḳṭm* nennt. Stadtmauern in Palästina in der MB IIA-Zeit, die SCHULMANN anzweifelt, sind nach GERSTENBLITH 1983, S. 113-115; WEIPPERT 1988, S. 220 f. ausreichend belegt, besonders in der Küstenebene, wo der Schwerpunkt der ägyptischen Interessen gelegen haben dürfte.

Somit kann man für die bisher zwischen Jahr 14 und Jahr 39 nicht weiter festgelegte Reichseinigung eine relativ frühe Ansetzung vertreten. Dies deckt sich mit der Annahme von GESTERMANN 1987, S. 97, daß die Reichseinigung früh, noch vor dem ersten Wechsel des Horusnamens, stattgefunden habe. Auch STOCK 1949, S. 91-103 und, wohl ihm folgend, HAYES 1971, S. 479 rechnen mit einer frühen Reichseinigung um des Jahr 20 Mentuhoteps II, jedoch beruhen ihre Annahmen auf der Fehldatierung wesentlicher Denkmäler, vor allem der Hatnub-Graffitti.

### 5.3 Die Quellen des Nordreiches

Weitaus spärlicher als aus dem thebanischen sind die Quellen aus dem herakleopolitanischen Bereich. Von den nach dem Turiner Königspapyrus (GARDINER 1959) anzunehmenden 18 Herrschern sind viele nicht namentlich bekannt, die durch zeitgenössische Denkmäler überlieferten Königsnamen lassen sich nicht sicher in eine historische Abfolge bringen oder mit konkreten Ereignissen verbinden. Der hier interessierende Merikare ist durch seine Erwähnung in den Siut-Inschriften noch am besten faßbar.

Unsicher bleibt dagegen der Vater des Merikare, da sein Name in der Lehre nicht erhalten ist. Als Identifizierungen wurden bisher *W3ḥ-k3-rᶜ.w* (SCHARFF 1936, S. 7-10, VOLTEN 1945, S. 82-84), *Nb.w-k3-rᶜ.w* (VON BECKERATH 1966, S. 20, GOEDICKE 1969, S. 142) und *Mry-ib-rᶜ.w* (LOPEZ 1973, S. 190 f.) vorgeschlagen. Keiner dieser Vorschläge erreicht genügende Sicherheit, weshalb ich hier und im folgenden immer nur anonym vom Vater sprechen werde.

Unerörtert lassen möchte ich die Frage, ob die ersten Herakleopolitenkönige noch im ganzen Land anerkannt waren, was zuletzt GOMAA 1980, S. 131, GESTERMANN 1987, S. 20 und LORTON 1987 bestritten haben, während SPANEL 1989, S. 301, Anm. 1 sich wieder dafür ausgesprochen hat, daß die Dynastie 9 noch ganz Ägypten beherrscht habe.

Nicht haltbar scheint mir der Versuch von SPANEL 1985, nach den Bootsformen die ältesten Gräber von Beni Hassan vor die Reichseinigung zu datieren. Von seinen Vergleichsstücken für die Bootsform der 12. Dynastie stammen die ältesten sicher datierten Beispiele erst aus dem Grab des Amenemhet/Ameni (NEWBERRY 1893, S. 9-38, Pl. 3-22), das in die späten Jahre Sesostris' I zu datieren ist, während die Formen der frühesten 12. Dynastie nicht gesichert sind. Auch der archäologische Befund (SEIDLMAYER 1990, S. 233; 372) spricht dafür, die Felsgräber erst nach der Reichseinigung anzusetzen. Die Gräber von Beni Hassan kommen somit als Quellen für das Herakleopolitenreich nicht in Frage.

Dokumente über die geographische Ausdehnung des herakleopolitanischen Herrschaftsbereiches sind rar, besonders, was das Delta betrifft. Auf einer Stele der 12. Dynastie von der Izbat Rushdi (BIETAK 1975, S. 36 u. 102 mit weiterer Literatur, zusätzlich FISCHER 1961a, S. 107 f.) wird ein mit dem Namen *Ḫty* zusammengesetzter Ort erwähnt. Da dieselbe Stele einen mit dem König Amenemhet zusammengesetzten Ortsnamen nennt, kann man in diesem Cheti einen der Könige dieses Namens der Herakleopolitendynastie sehen[16].

Ein Gewicht aus rotem Jasper mit der Nennung des Königs *Ḫty Nb.w-k3.w* (PETRIE 1906, Pl. XXII, 4; 1917, Pl. X, 9,2), der üblicherweise mit dem in der Bauerngeschichte erwähnten König *Nb.w-k3.w-rᶜ.w* identifiziert wird, stammt aus dem Deltagebiet. Da es sich aber um ein Objekt von geringen Dimensionen und relativ hohem Wert handelt, kann es als Beleg für eine herakleopolitanische Herrschaft im Delta nur bedingt herangezogen werden, es könnte später verschleppt sein (s. WARD 1971, S. 58 Anm. 219).

Historisch kaum verwertbar ist eine Scheintür aus Busiris, die mutmaßlich in die späte Herakleopolitenzeit zu datieren ist (FISCHER 1976, S. 14-22), da die Datierung unsicher bleibt und das Objekt keine Schlüsse über die Machtverhältnisse der Region zuläßt.

Schwer bewertbar ist gegenwärtig auch ein als Wehrsiedlung der ersten Zwischenzeit gedeuteter archäologischer Komplex in Tell el Dabᶜa (BIETAK 1983, S. 14; 1985b, S.132-133). Das bisher veröffentlichte Material reicht nicht zu einer eigenständigen Bewertung der Befunde aus und BIETAKS Datierung um 2050 v. Chr. dürfte mit einem gewissen Unsicherheitsfaktor behaftet sein, zumal sein Verständnis des Fundes bereits erheblich durch die Ausdeutung von Textquellen beeinflußt ist. Mutmaßlich beruht seine Datierung - neben dem historischen Erklärungsmodell - auf der Keramik. Dies ist jedoch problematisch, da die Sedment-Keramik (PETRIE/BRUNTON 1924), die man für die Keramiktypologie der ersten Zwischenzeit zunächst heranziehen dürfte, zu beträchtlichen Teilen später als die Herakleopolitenzeit ist (SCHENKEL 1973; SEIDLMAYER 1990, S. 247-341).

Etwas klarer sind die Verhältnisse für die Südgrenze. Nachdem die angebliche Inschrift des *Mry-ib-rᶜ.w* bei Assuan durch GOMAA 1980, S. 132 f. als nicht stichhaltig erwiesen wurde, bleibt zunächst die vieldiskutierte Erwähnung eines *Nfr-k3-rᶜ.w* im Grab des Anchtifi (VANDIER 1950, S. 32-38; 157 f.; 263; Pl. XIV u. XL). Diese liegt jedoch, abgesehen von der Frage, ob sie einem Herakleopolitenkönig zuzuschreiben ist (GOMAA 1980, S. 30-41; KANAWATI 1980, S. 109-112), zweifellos vor der mich speziell interessierenden Zeit. Die Behauptung von SPANEL 1984, S. 89, im Königsnamen fehle die ehrende Voranstellung des Gottes Re, ist übrigens schlicht falsch. Unklar bleibt auch die von EDEL 1980, S. 41 erwähnte Bezeugung des "Hauses des Cheti" in einem Grab der ersten

16 Obwohl *Ḫty*, im Gegensatz zu *Imn.w-m-ḥ3.t*, nicht mit dem Zusatz *m3ᶜ-ḫrw* versehen ist.

Zwischenzeit in Elephantine, da der Text noch nicht veröffentlicht ist.[17] Es gibt aber keinen Grund, dies als Zeichen herakleopolitanischer Oberhoheit anzusehen.

Die von GOEDICKE 1990a, S. 90-93 angenommene Steinbruchtätigkeit der 10. Dynastie im Wadi Hammamat beruht auf einer zu großen Menge von zweifelhaften und unbeweisbaren Annahmen, als daß ich sie meinen Untersuchungen zugrunde legen könnte.

Die südlichste sichere Bezeugung der Herakleopolitenherrschaft bleiben damit die Gräber von Siut (s.u.), noch weiter nach Süden führen aber einige Stelen aus Nag^c ed-Deir, die militärische Titel nennen und aller Wahrscheinlichkeit nach ins Herakleopolitenreich gehören (GESTERMANN 1987, S. 200-203). Gleichzeitig macht die Massierung militärischer Titel an einem Ort wahrscheinlich, daß hier die Grenze des Herakleopolitenreiches lag.

Auch der von SIMPSON 1981a veröffentlichte Text könnte für eine herakleopolitanische Herrschaft in Nag^c ed-Deir sprechen. Der dort erwähnte König könnte aber auch der verstorbene Pepi II sein und die Datierung des Textes vor die Reichseinigung ist wohl nicht völlig gesichert.

Die klarsten historischen Hinweise geben die Gräber von Siut aus der Herakleopolitenzeit (GRIFFITH 1889; MONTET 1930-35; EDEL 1984a). Die Gräber dieser Zeit können mit großer Sicherheit in die Reihenfolge V, III, IV gebracht werden (BRUNNER 1937, S. 38).

Grab V zeigt noch eine weitgehend friedliche Regierung, in Siut V, Z. 16-18 wird jedoch schon die Aufstellung von Truppen und einer Flotte erwähnt (LICHTHEIM 1988, S. 26-29).

In Grab III berichtet die historische Inschrift des *Iti-ib=i*, Siut III, Z. 16-40 ausführlich von Kämpfen, die der Gaufürst siegreich gegen den "Kopf des Südens" und *ḫn-nḫn* bestanden hat. Die Details sind wegen des lückenhaften Textes schwer verständlich, die Gegner sind vereint südlich bis Elephantine, nördlich bis (Siut, III, 16)[18]. Bemerkenswert ist weiter die vom Gaufürsten gebrauchte Formulierung "Bastet gegen Oberägypten, Furie gegen die Grenznachbarn" (Siut III, 33 nach EDEL 1984a, S. 82). Daraus könnte man mit aller gebotenen Vorsicht schließen, daß das Gebiet der Gaufürsten von Siut damals im Süden bereits an das feindliche thebanische Gebiet grenzte.

17 Ein Brief mit der Bitte um nähere Auskünfte ist unbeantwortet geblieben.

18 Der Ortsname bleibt undeutbar, daß es sich um Thinis handelt, wie ZIBELIUS 1978, S. 281 u. GOMAA 1986, S. 196 f. annehmen, halte ich für unwahrscheinlich.

Sehr bedeutsam ist auch, daß die Inschrift, nachdem erst die oberen zwei Drittel eingemeißelt waren (MONTET 1938, S. 176), übertüncht und durch eine Idealbiographie ohne historischen Bezug ersetzt wurde. Der naheliegendste Grund dafür ist, daß der Gaufürst im weiteren Verlauf der Kämpfe eine Niederlage erlitten hatte und deshalb die Wiedergabe militärischer Erfolge als unpassend angesehen wurde.

Noch aufschlußreicher ist das Grab seines Sohnes *Ḫty* II, insbesondere die große historische Inschrift Siut IV, Z. 1-40. Dort heißt es: "Wie erfreut ist das Herz dessen, den du, Merikare, liebgewonnen hast, wegen dessen, was du für deine Truppe[19] getan hast. Du hast gehandelt, als Furcht durch das Land gegeben war[20]. Du hast Oberägypten belehrt, als sein Gesicht allein war (?), du ließest ihn südwärts fahren, der Himmel wurde für ihn entwölkt, das ganze Land war mit ihm, die Grafen von Oberägypten, die Höflinge von Herakleopolis. Der Bezirk der Herrin des Landes kam, um den Räuber abzuwehren, das Land zitterte, Oberägypten ging unter[21], alle Menschen zuckten[22], die Städte machten Ausrüstungen (?), Furcht war in ihren Gliedern, das Kollegium des "großen Hauses", wegen der Furcht vor (?) den Lieblingen, wegen des Schrekkens von Herakleopolis[23]. Das Land war verbrannt durch seine Flammen. Schlimm ist es vor seinem Herauskommen, um den Himmel gegenüber seinem Teilgewässer zu vergrößern, denn es ist ein Kanal des Herrschers[24]. Sein (Herakleopolis) Unheil geschah nicht, die Spitze der Flotte reichte bis Hypselis, das Ende bis *w-ḥrı̱*, der Himmel war im Wehen des Nordwinds, die Papyrusstauden fielen aufs Wasser, Herakleopolis landete. Die Stadt sagte "Willkommen", indem sie jubelte über ihren Herrscher, den Sohn ihres Herrschers, Frauen vermischt mit Männern, Alte und Junge. Der Sohn des Herrschers erreichte seine Stadt, er trat

19 Üblicherweise "Erhöhung" übersetzt, das Wort bedeutet aber in Siut IV, 29 mit FECHT 1972, S. 92 "ausgehobene Truppen", was ich auch hier annehmen möchte.

20 Die Übersetzung ist hier problematisch, die sonst angenommene Umschreibung eines *śḉm.n=f* durch *irı̱.n=f śḉm* kann m. E. nicht vorliegen, zumal sie den Infinitiv *rḉı̱.t* erfordert, während im Text passives *śḉm=f* steht.

21 Wörtlich: Schöpfte Wasser (aus einem lecken Boot).

22 Zu *śšṯ* s. CAMINOS 1958, S. 81-82, dessen Ausführungen im Lichte dieses Beispiels leichter Modifikation bedürfen. Grundbedeutung dürfte die rasche unruhige Bewegung sein. S. noch HORNUNG 1976, S. 130(310); HANNIG 1990, S. 92.

23 Diese Sätze sind im einzelnen vielfach unsicher, aber "Kollegium des großen Hauses" und "Lieblinge" können sich m. E. nur auf Anhänger der Herkleopoliten beziehen.

24 Sehr unsicher und nur als provisorischer Vorschlag gedacht: Eventuell wird das herakleopolitanische Königreich als Himmel gesehen, dem gegenüber das thebanische Herrschaftsgebiet nur einen kleinen Teil bildet. S. auch POLOTSKY 1939, Sp. 157 f.

ein in den Herrschaftsbereich seines Vaters, er holte die Flüchtlinge zurück in ihr Haus, er bestattete seine Alten. Der (angesehene) Mann war an seinem Platz, die Stadt war in ewigem Wohlstand, dauernd war das Gedeihen." (Siut IV, Z. 9-19, s. auch SCHENKEL 1965, S. 86 f.; FRANKE 1987, S. 60 f.)

Trotz der vielen Unsicherheiten in der Übersetzung scheinen mir die wesentlichsten Züge recht klar. König Merikare von Herakleopolis schickt eine große Flotte aus, um den Räuber (den thebanischen Herrscher) abzuwehren. Dadurch wird es dem Gaufürsten von Siut ermöglicht, sein Herrschaftsgebiet wieder in Besitz zu nehmen, das die Thebaner offenbar vorher besetzt hatten. In dieser Deutung folge ich EDEL 1984a, S. 70-77; 137-144; 178-187. Demgegenüber hat FRANKE 1987, S. 53-57 diese Rekonstruktion bestritten und im Text nicht mehr als eine normale Amtseinsetzung gesehen, da er daran zweifelt, daß die Kämpfe gegen die südlichen Gaue in direktem zeitlichen Zusammenhang mit dem Südwärtsfahren stehen.

Dem kann ich mich nicht anschließen. Zur Amtseinsetzung von *Ḫty* II erfährt man im Grab seines Vaters Siut III, Z. 13 "Ich bin hierher gekommen, während mein Sohn an meinem Platz und das Ratskollegium ihm verwurzelt (?) ist." Das deutet darauf hin, daß die Amtsnachfolge ohne größere Schwierigkeiten ablief, die ein königliches Intervenieren nötig gemacht hätten. Zudem steht das Abwehren des Räubers in einer Sequenz, die m. E. chronologische Ordnung enthält, und in der das Südwärtsfahrenlassen vorangeht und das Landen von Herakleopolis in Siut nachfolgt.

Durch die Erwähnung des Königs Merikare erhält man einen ungefähren Anhaltspunkt für die Datierung, doch können die geschilderten Ereignisse innerhalb seiner Regierung und der des Gaufürsten nicht genauer lokalisiert werden.

Mit *Ḫty* II endet die Linie der Gaufürsten von Siut abrupt, der nächste in Siut nachweisbare Gaufürst, *Mśḥ.ti*, kann mit SCHENKEL 1962, § 44 a) 1 erst in die späte 11. Dynastie datiert werden (WILLEMS 1988, S. 102-104). Die Gründe von BIDOLI 1976, S. 20 f. für eine Datierung vor der Reichseinigung sind ohne Beweiskraft, tatsächlich sind die Modelle mit Soldatendarstellungen aus seinem Grab ein Argument für eine Datierung nach der Reichseinigung, da die Anhänger der Herakleopoliten kaum Zugang zu nubischen Söldnern gehabt haben. Im Material von FISCHER 1961b, 1962 sind Nubier ansonsten nur auf der Seite des Südens zu finden (s. BIETAK 1985a, anders ZIBELIUS-CHEN 1988, S. 117 f.).

König Merikare ist, abgesehen von seinen Erwähnungen in Siut IV Z. 3, 9 u. 22 sowie einigen Kleinfunden auch durch die Erwähnung seiner Pyramide *w3ḏ-ś.wt* in den Titeln einiger Priester bekannt, die gleichzeitig an der Pyramide des Teti Dienst taten (SCHENKEL 1962, § 58 c) 14, FISCHER 1966, S. 29 f.). Die bisher nicht sicher nachgewiesene Pyramide wird deshalb nahe der Tetipyramide gesucht (Lokalisierungsversuch bei BAINES/MALEK 1980, S. 144, s. STADELMANN 1987, S. 231).

Ich gehe davon aus, daß es sich in allen Fällen um denselben König handelt, der mit dem Empfänger der Weisheitslehre identisch ist. Der Versuch von GOEDICKE 1969, aufgrund geringer orthographischer Unterschiede zwischen drei Königen *Mr-kꜣ-rꜥ.w*, *Mry-kꜣ-rꜥ.w* und *Kꜣ-mry-rꜥ.w* zu unterscheiden, ist nicht überzeugend. Beispiele für die Voranstellung auch des *kꜣ*-Zeichens finden sich bei SCHENKEL 1962, S. 150 und WARD 1984, S. 153. Auch die Schreibung oder Nichtschreibung des *y* kann nicht als Basis für eine derartige Unterscheidung dienen, zumal sie auf örtlichen und zeitlichen Unterschieden beruhen kann.

Ein Problem ist noch die Datierung der Priestertitel. Für die verbreitete Ansicht, daß sie zeitgleich mit Merikare seien, gibt es keine zwingenden Argumente, sie könnten auch aus einer späteren Kultrestaurierung stammen. Nach WILLEMS 1988, S. 105-106 wäre eine Datierung in die 12. Dynastie möglich. Angesichts der notorischen Schwierigkeiten, das archäologische Material aus Sakkara genau zu datieren, läßt sich keine Gewißheit schaffen.

Innerhalb der Herakleopolitenzeit gehört Merikare zu den spätesten Herrschern, wie die Texte aus Siut IV zeigen. Zum einen handelt es sich um das späteste große Grab aus dieser Zeit, zum anderen bezeugen die Texte Kämpfe weiter nördlich als alle anderen Quellen zu kriegerischen Auseinandersetzungen. Hinzu kommt, daß die Inschriften von Siut IV durch den Lautwandel *w*>*y* mutmaßlich in die Zeit Mentuhoteps II datiert werden können (GESTERMANN 1987, S. 42). Dies gilt allerdings nur für die Abfassung der Texte, nicht für die möglicherweise früheren Ereignisse.

Man könnte in Merikare durchaus den letzten Herrscher der Herakleopolitenzeit sehen. Die gelegentlich vertretene Meinung, am Ende der Herakleopolitenzeit habe noch ein unbedeutender Herrscher mit wenigen Monaten Regierungszeit geherrscht (GOEDICKE 1969, S. 142 Anm. 3), beruht auf der Einordnung des Framents 48+36 im oberen Bereich der Kolumne V des Turiner Königspapyrus, die GARDINER 1959, S. 16 (zu IV, 22) als unmöglich erwiesen hat.

## 5.4 Versuch einer Synthese

Nach den obigen Detailstudien läßt sich ein trotz aller Unsicherheiten doch kohärentes Bild des Verhältnisses zwischen den beiden Reichen zeichnen: Zu Beginn der Regierung Antefs II war das thebanische Reich im Süden bereits bis zur natürlichen Grenze bei Elephantine vorgedrungen, die Nordgrenze lag bei Abydos. In diese Zeit oder früher gehören die herakleopolitanischen Generäle in der Gegend von Thinis. Noch in der 1. Hälfte seiner Regierung gelang es Antef II, weiter nach Norden vorzudringen und Thinis selbst zu erobern. In einem zweiten, späteren Feldzug stieß er weiter vor und verschob die Grenze bis zum 10. Gau.

Damit gelangten die Thebaner in die Nähe der Gaufürsten von Siut. Unsicher ist aber, ob die getilgte historische Inschrift des *Iti-ib=i* von Siut III sich auf Kämpfe zur Zeit Antefs II oder Antefs III bezieht, zumal der schließliche Ausgang dieser Kämpfe unsicher ist. Die Herakleopoliten dürften ihre Position aber zumindest bis zum 12./13. Gau gehalten haben, mutmaßlich auch Teile des 11. Gaues. Ansonsten gibt es aus der Zeit Antefs III keine Hinweise auf Grenzveränderungen. In die Zeit Mentuhoteps II gehört möglicherweise der Bericht über die Besetzung Siuts durch die Thebaner, die zunächst noch zurückgeworfen werden können. Allerdings dürfte nicht allzuviel später der endgültige Sieg der Thebaner anzunehmen sein.

Ganz unsicher bleibt in diesem Zusammenhang die Rebellion von Thinis im Jahr 14 Mentuhoteps II. Daß sich daran ein entscheidender Teilerfolg der Thebaner knüpft (so STOCK 1949, S. 78 u. 92), ist durchaus ungewiß. Angesichts der Tatsache, daß nur von einem Aufstand (*šbi*) von Thinis die Rede ist, bleibt unsicher, ob die Herakleopoliten damit etwas zu tun hatten (s. GESTERMANN 1987, S. 40 f.). Letztlich mangelt es an klaren Quellen für den endgültigen Sieg der Thebaner. Dennoch sollte man nicht auf eine friedliche Einigung schließen, da Zufälligkeiten der Überlieferung oder Aufzeichnungsmeidung vorliegen könnten.

## 6 Datierung und politische Einbettung des Textes

### 6.1 Einleitung

Nach der gegenwärtig vorherrschenden Meinung ist die Lehre für Merikare ein Bestandteil der sogenannten pessimistischen Literatur der 1. Zwischenzeit. Die vollständigste Aufzählung der dafür in Anspruch genommenen Werke findet sich bei BARTA 1975-76. Hinzu kommt noch der Vorschlag von HELCK 1972, auch die Lehre des Djedefhor, die des Ptahhotep und die Lehre für Kagemni in diese Zeit zu datieren. Dabei wird aber das Konzept der Zwischenzeitliteratur letztlich ad absurdum geführt. Die Datierungskriterien, mit denen man zunehmend Werke in diese Zeit setzen will, werden immer schwächer, auch der ursprünglich als Kriterium dienende Pessimismus ist keineswegs durchgängig nachzuweisen und etwa im Merikare kaum aufzuspüren. Vielmehr ist er im wesentlichen aus den datierungsmäßig unsicheren Admonitions sowie einigen sicherlich nicht in die erste Zwischenzeit zu datierenden Werken (Neferti, Chacheperre-seneb, Lehre des Amenemhet, Bauerngeschichte) erschlossen.

Bei einer kritischen Überprüfung des Konzepts muß man vor allem diejenigen Literaturwerke überprüfen, die durch Königsnamen eine Selbstdatierung in die erste Zwischenzeit enthalten. Außer der Lehre für Merikare sind dies noch die Bauernerzählung und das Anteflied. Hinzu kommen die Admonitions, die zwar keine Selbstdatierung enthalten, in denen aber dennoch oft Anspielungen auf historische Ereignisse der 1. Zwischenzeit gesehen werden.

Für die Admonitions, deren Datierung seit dem Spätansatz von VAN SETERS 1964 sehr kontrovers diskutiert wird, müssen hier einige Hinweise genügen. Solange der Text nur durch eine einzige, relativ korrupte Handschrift bekannt ist, der Anfang und Ende fehlen und ab der zweiten Hälfte auch die Mitte jeder Seite, ist die Gesamtintention schwer zu erkennen, was für eine Datierung nötig wäre.

Die verwickelte Redaktionsgeschichte mit mehreren Werken der ersten Zwischenzeit, Hauptredaktion in der 13. und Endredaktion in der 19. Dynastie, die FECHT 1972 annimmt, ist mit JUNGE 1973/74 kaum zu halten. Da manche Stellen offensichtlich nicht vor der 12. Dynastie möglich sind, bliebe eine Datierung wenigstens von Teilen in die 1. Zwischenzeit noch zu beweisen.

Die Meinung von HELCK 1986, S. 90 Anm. 41, der Gebrauch des Terminus *nswtï* "freier Bauer" beweise die Entstehung wenigstens von Teilen der Schrift noch im Umkreis des alten Reiches, beruht auf einem Irrtum. An den drei Stellen Adm 8,10; 8,12; 9,1, an denen dies Wort vorkommt (s. auch BLACKMANN

1925, S. 213-215), muß mit MÜLLER-WOLLERMANN 1987 in Zweifel gezogen werden, daß das Wort *św.ti* (so !) tatsächlich vorliegt. Nachdem LICHTHEIM 1973, S. 162 Anm. 21 im nachfolgenden Wort eine Schreibung für *wnm* "essen" erkannt hat, neige ich dazu, mit GARDINER 1909, S. 62 hier "Schlachter" zu verstehen.

Der Vorschlag von CRUZ-URIBE 1987, S. 110 f., den Text in die Zeit Sesostris' III zu datieren, scheint mir zu spekulativ gewonnen und unzureichend begründet. VERNUS 1990a, S. 1044 f. u. S. 1047 spricht sich, vor allem aus sprachlichen Kriterien, für eine Entstehung der Admonitions nicht vor der 2. Hälfte der 12. Dynastie aus.

Von den Werken, die eine Selbstdatierung durch Königsnamen enthalten, ist der Fall der Bauerngeschichte relativ einfach. Nach der überzeugenden Argumentation von BERLEV 1987a muß dieser Text in die 12. Dynastie datiert werden. Zusätzliche sprachliche Argumente dafür liefert VERNUS 1990a. Eine hier nicht zu leistende Analyse der politischen Tendenz könnte noch weitere Anhaltspunkte dafür bringen. PERRY 1986, S. 6-20 bringt eine Reihe von Argumenten für eine Datierung in die 12. Dynastie, die aber keineswegs alle beweiskräftig sind, besonders der von GOEDICKE 1970, S. 7-8 übernommene Versuch, den Dichter *H̱ty* als Autor der Bauernerzählung zu identifizieren.

Etwas problematischer ist das Anteflied. Nicht zu halten ist die Behauptung von GOEDICKE 1977b, es liege kein Königsname vor. Die von ihm für unmöglich gehaltene Schreibung [Hieroglyphen][1] findet sich im P. Abbot 2,12, sowie, mit dem Einschub eines zusätzlichen *ʿ3*, im P. Abbot 2,16 (PEET 1930, Pl. I). Allerdings bin ich mit FOX 1977, S. 400-403 der Meinung, daß der uns vorliegende Text schon aus sprachgeschichtlichen Gründen nicht vor der späten 18. Dynastie möglich ist. Der Name "Antef" mag wegen der ihm innewohnenden Kontinuitätsvorstellung als bewußter Gegensatz zum Inhalt des Liedes gewählt sein. Mit seiner Bedeutung "Der den (toten) (Groß)vater (wieder)bringt" (s. ERMAN 1901) gehört dieser Name nämlich zu einem Typ, den man im Semitischen als Ersatznamen bezeichnet hat (NÖLDECKE 1904, S. 98-100; NOTH 1928, S. 173-175; M. SILVERMAN 1985, S. 257-259; anders RANKE 1952, S. 198-199). In jedem Fall sind die im Anteflied angesprochenen Ideen zu oft in anderen Kulturen belegt, als daß man aus ihnen eine spezielle Geisteshaltung der 1. Zwischenzeit ableiten kann (LICHTHEIM 1945, S. 210; LORETZ 1964, S. 78-80; 116-119; TIGAY 1982, S. 167-169; S. noch ARNAUD 1987, S. 359-365).

1 P. Harris 500, 6,2 (W. M. MÜLLER 1899, T. 13). GOEDICKE benutzt einen veralteten Transkriptionsstandard.

Demnach sind auch die vergleichsweise am sichersten in die 1. Zwischenzeit zu datierenden Literaturwerke eher als Produkte einer späteren Zeit anzusehen. Man muß damit rechnen, daß die Lehre für Merikare ebenfalls gegen die Eigendatierung datiert werden muß.

## 6.2 Die bisherigen Datierungsansätze

Während GOLENISCHEFF 1913 in seiner Edition nicht nur auf eine Übersetzung, sondern auch auf jeden historischen Kommentar verzichtet, gibt GARDINER 1914 im Kommentar zu seiner Erstübersetzung manche historische Hinweise. In einer Schlußabwägung akzeptiert er den Text als tatsächlich aus der Herakleopolitenzeit stammend, im wesentlichen, weil er Skeptizismus gegenüber der Selbstdatierung für unnötig und eine pseudepigraphische Zuschreibung für unverständlich hält. Immerhin läßt er Raum für mögliche spätere redaktionelle Überarbeitungen.

Diese Auffassung, obgleich sie bereits typisch für die spätere communis opinio ist, blieb nicht lange unangefochten. Bereits DRIOTON 1922, S. 551 f. will wegen der Ähnlichkeit zwischen der Totengerichtspassage Merikare E 53-57 und Formulierungen in der Turiner Stele des *Bki* aus der 18. Dynastie eher ein pseudepigraphisches Werk des späten Mittleren oder frühen Neuen Reiches sehen. Diese Theorie ist später kaum rezipiert worden. Lediglich POSENER 1963a, S. 305 erwähnt sie, um sie zu verwerfen, da die Ähnlichkeiten seiner Ansicht nach auf einer späteren Wiederaufnahme und Neurezeption des Merikare beruhen.

Mit der Studie von SCHARFF 1936 beginnt die umfassende historische Auswertung des Textes, der von da an als eine der wichtigsten Quellen zur Geschichte der 1. Zwischenzeit angesehen wird. Für SCHARFF steht außer Zweifel, "daß wir wirklich einen, wenn auch literarisch zurechtgemachten, Selbstbericht eines Königs an seinen Sohn vor uns haben" (o. c., S. 63). Die wenigen Gründe, die er dafür angibt, sind jedoch so unsachlich, daß sich ein Kommentar erübrigt.

Für VOLTEN 1945 bedarf die Datierung des Textes in die Herakleopolitenzeit keiner Begründung mehr, jedoch führt er (o. c., S. 82 ff.), die zusätzliche Wendung ein, der Text sei nach dem Tod des Vaters von Merikare selbst verfaßt worden. Diese Idee ist später weithin akzeptiert worden ist.

Sehr ernsthafte Zweifel an der Historizität des Textes äußert BJÖRKMAN 1964. Sie zeigt, daß die historischen Angaben des Textes nirgends durch Primärquellen als korrekt erwiesen werden können. Da man ferner die Möglichkeit der Pseudepigraphie ernsthaft in Betracht ziehen müsse, versucht sie, die Datierung des Textes nur aus dem Inhalt zu ermitteln und schlägt eine Entstehung in der 12. Dynastie vor, in die ihrer Meinung nach die Mahnung zum guten Verhältnis mit dem Süden am besten paßt. Obgleich WARD 1971, S. 22 Anm. 84 dies als überkritisch ansieht und eine eigene, sehr unkritische historische Auswertung vornimmt, scheint mir eine Übernahme dieser Methode berechtigt.

In seiner Rezension zu WARD greift HELCK 1974, S. 392 BJÖRKMANS Thesen auf und möchte unter Hinweis auf die Prophezeihung der Residenz im Text eine Rechtfertigungsschrift für den Sieg der Thebaner sehen. Jedoch versteht er anderswo, etwa HELCK 1986, S. 33 f. den Text wieder als Zeugnis der Herakleopolitenzeit.

SEIBERT 1967, S. 88 glaubt, den Text in die erste Dekade Amenemhets I datieren zu können, gibt allerdings von seinen Gründen nur die Beziehungen zur Prophezeihung des Neferti an. Dieser Ansatz wird von ASSMANN 1980, S. 31 akzeptiert.

In grundsätzlicher Art wird die bisherige Datierung von SCHENKEL 1975a, S. 29 ff., 1984, S. 54 in Frage gestellt, der das Konzept einer Literatur der 1. Zwischenzeit in Zweifel zieht und sämtliche Werke in die restaurative Phase der 11. und 12. Dynastie datieren will. Auch LOPRIENO 1988, S. 88 befürwortet eine generelle Spätdatierung, da diese Literaturwerke immer die Überwindung schlechter Zustände schilderten.

Unter anderen Gesichtspunkten will GOEDICKE 1970, S, 4-8, 1974, S. 104 den Text in die 12. Dynastie datieren, da er ihn mit mehreren anderen als Werk des in die 12. Dynastie datierbaren Dichters Cheti ansieht. Diese Datierung ist jedoch bei GOEDICKE 1977a, S. 17 f. zugunsten einer Datierung in die späte 10. Dynastie und einer Zuschreibung an Neferti (GOEDICKE: Neferyt) aufgegeben. Eine Datierung anhand der Zuschreibung an bestimmte Autoren ist so, wie sie hier gehandhabt wird, eher willkürlich als beweiskräftig. Zudem kehrt GOEDICKE 1990b, S. 87 Anm. 121 ohne Begründung wieder zu einer Datierung in die frühe 12. Dynastie zurück.

Für eine Datierung in die Herakleopolitenzeit spricht sich FECHT 1972, S. 130, Anm. 9 aus. Bewiesen wird es seiner Meinung nach durch die Anwendung von AR-Metrik. Dies Argument möchte ich anzweifeln. Zunächst ist es kaum überprüfbar, solange FECHT seine metrische Analyse nicht publiziert. Die bisher von FECHT 1972; 1991 publizierten Passagen erlauben noch kein endgültiges Urteil, enthalten aber einige sehr unplausible Versabgrenzungen. Ferner muß man mit Anwendung von AR-Metrik auch in archaisierenden Texten späterer Zeit rechnen.[2] Hinzu kommen generelle Zweifel an der Berechtigung von FECHTS Metrik, die vor allem die hier besonders wichtige Frage nach der Zulässigkeit von Einhebern betreffen.

BLUMENTHAL 1980, S. 40 kommt nach einem Überblick über die bisherigen Datierungen wieder zur traditionellen Auffassung, im wesentlichen, weil sie die Selbstdatierung als sehr gewichtiges Kriterium ansieht und die bisherigen Spätdatierungen für nicht ausreichend begründet hält. Dieser Datierungsansatz wird aber untergraben, wenn BLUMENTHAL 1987b die Lehre des Ptahhotep in die frühe 12. Dynastie datiert. Nach der seit FECHT 1958, S. 25-28 allgemein akzeptierten Meinung, der sich auch BLUMENTHAL 1980, S. 10 angeschlossen hat, spielt die Totengerichtspassage des Merikare auf die 5. Maxime des Ptahhotep an. Folglich müßte, will man die Abhängigkeit nicht umgekehrt sehen, nun auch der Merikare spätdatiert werden.

### 6.3 Zur Datierung in die Herakleopolitenzeit

Im folgenden wird anhand der Ergebnisse aus Kapitel 5 versucht, die historischen Angaben der Lehre für Merikare mit den sonst rekonstruierbaren Abläufen zu vergleichen, um ihre historische Verläßlichkeit zu überprüfen. Da die innerhalb der Lehre weitaus umfangreicheren innenpolitischen Angaben nicht ausreichend nachprüfbar sind, bleibt nur die Überprüfung der außenpolitischen Angaben besonders des "Historischen Abschnitts".

Die Angaben über das Delta bieten hierfür nur wenig Handhabe. Das wenige, was zeitgenössisch belegt ist, würde den Angaben der Lehre nicht widersprechen, kann aber auch nicht als Bestätigung angesehen werden. Dies gilt auch für die mit den Angaben der Lehre in Verbindung gebrachte Siedlung der ersten Zwischenzeit in Tell el Dab$^{c}$a (BIETAK 1983, S. 14; 1985b, S. 132-133), da die recht allgemein gehaltenen Angaben der Lehre auch auf späterer Kenntnis dieser Vorgänge beruhen könnten.

Wirklich überprüfen lassen sich nur die Angaben über das Verhältnis zum Südreich, besonders die Kämpfe um Thinis. Nach den Angaben der Lehre gab es dort ein feindliches Territorium "Südgebiet", das man mit dem Gebiet der thebanischen 11. Dynastie identifizieren kann. Dieses Südgebiet ist im Besitz von Thinis, das ein Vorgängerkönig der Herakleopoliten offenbar erfolglos angreift.

2 So hält MUNRO 1984, S. 63 Anm. 4, die Anwendung von AR-Metrik nicht für ein Hindernis bei der Spätdatierung eines Monuments.

Dem Vater des Merikare gelingt es, Thinis einzunehmen, das zur Zeit der Lehre noch in seinem Besitz ist, sofern meine Übersetzung der schwierigen Stelle stimmt. Nach der Einnahme von Thinis herrschen beiderseits gute Beziehungen, die Thebaner werden vom Vater des Merikare als unterlegen und wenig gefährlich angesehen.

Zur Datierung der Eroberung von Thinis gibt es zwei Theorien: 1. Sie fällt in die Zeit Antefs II. Diese Ansicht wurde von GARDINER 1914, S. 23; SCHARFF 1936, S. 45 f. und VOLTEN 1945, S. 91 mehr vorausgesetzt als wirklich begründet. Sie beherrscht die meisten Geschichtsdarstellungen, zuletzt etwa GOMAA 1980, S. 149 f. 2. Die Einnahme von Thinis ist identisch mit der Rebellion von Thinis im Jahr 14 Mentuhoteps II. Diese Theorie wurde offenbar zuerst von WINLOCK 1943, S. 260 vorgeschlagen, zuletzt hat sich FRANKE 1987, S. 52 f. dafür ausgesprochen. Offenbar folgt auch POSENER 1963a, S. 304 dieser Meinung, wenn er sagt, die Hundestele Kairo 20512 liege zeitlich vor der Abfassung der Lehre.

Zu 1.: Thinis wurde zu einem nicht genau klärbaren Zeitpunkt, aber jedenfalls noch in der ersten Hälfte der Regierung Antefs II, von den Thebanern erobert. Frühestens dann kann der erfolglose Angriff des Vorgängers stattgefunden haben. Prinzipiell wäre es möglich, daß später der Vater des Merikare Thinis vorübergehend zurückerobert hat, manche Punkte wären aber unglaubwürdig. Die gerade zu dieser Zeit ergiebigen Quellen der thebanischen Seite rechnen Thinis stets zum thebanischen Herrschaftsbereich. Die guten Beziehungen zwischen beiden Reichen ließen sich zwar mit den Angaben der Stele des *Čč.i*, daß Lieferungen aus Unterägypten einträfen, verbinden, doch rechnet dieser Text Thinis besonders explizit zum Südreich. Die Einschätzung von der Ungefährlichkeit der Thebaner wäre in jedem Falle ein schwerer politischer Fehler, da, will man chronologisch im Rahmen bleiben, Antef II sehr bald nach Abfassung der Lehre zu seinem entscheidenden Feldzug mit Eroberungen bis zum 10. Gau aufgebrochen sein muß.

Tatsächlich ist die Betonung der Schwäche der Thebaner ein generelles Problem für diejenigen, die an die Historizität der Lehre glauben. Politisch sinnvoller wäre eher, daß der Vater seinem Sohn zu entschiedenen Rüstungen gegen die Thebaner raten würde. Die übliche Annahme, die Herakleopoliten brauchten Frieden, um im Delta gegen die Asiaten kämpfen zu können, ist problematisch. Sofern die Angaben der Lehre einigermaßen korrekt sind, kann die Asiatengefahr nicht so groß gewesen sein, daß dem Süden gegenüber eine "Apeasement-

Politik" nötig gewesen wäre. Zum Großteil beruht diese Annahme auf einer mir unmöglich scheinenden Übersetzung von E 106.

Zu 2.: Diese Theorie hat den Vorteil, auf einem für Thinis tatsächlich belegten Ereignis zu basieren. Dennoch sind auch hier die Schwierigkeiten groß. Wenn die Thebaner am Ende der Regierungszeit Antefs II bereits bis zum 10. Gau herrschten und in den frühen Jahren Mentuhoteps II bis Siut vorstoßen konnten, paßt eine Rückeroberung der Gebiete bis Thinis durch die Herakleopoliten schlecht ins Bild. Zudem spricht der Ausdruck Rebellion eher für eine interne Revolte als für eine Eroberung durch die Herakleopoliten, ganz abgesehen davon, daß die Angabe sich auf Thinis beschränkt, während die weiter nördlich liegenden Gebiete unerwähnt bleiben.

Auch chronologisch kommt man hier in die Enge, sofern die Annahme einer frühen Reichseinigung korrekt ist. In diesem Fall müßte man die Eroberung von Thinis, das Ende der Regierungszeit des Vaters mit der Entstehung der Lehre, die gesamte Regierungszeit Merikares einschließlich Pyramidenbau, auf der lokalen Ebene das Ende der Regierungszeit *Iṯ-ib=i*'s von Siut und die gesamte Regierungszeit *Ḫty*'s II einschließlich Vertreibung und Neueinsetzung in einem Zeitraum von kaum 10 Jahren unterbringen. In diesem Zeitraum müßten sämtliche entscheidenden Kämpfe zur Reichseinigung stattgefunden haben. Das ist zwar nicht unmöglich, aber doch unwahrscheinlich. Die politische Fehleinschätzung gegenüber den Thebanern wäre in diesem Falle noch größer.

Demnach lassen sich die historischen Angaben der Lehre für Merikare nirgends mit Sicherheit durch zeitgenössische Belege stützen, die Angaben zum Verhältnis mit dem Süden sind sogar nur schwer mit den sonst bekannten Quellen zu vereinbaren. Auch wenn man durch Hilfshypothesen oder die Annahme, daß der Text zwar zeitgenössisch, aber in seinen Angaben verfälschend sei, eine Datierung in die Herakleopolitenzeit verteidigen könnte, muß ernsthaft mit einer späteren Entstehungszeit gerechnet werden.

### 6.4 Zur Datierung in die 12. Dynastie

Im folgenden werde ich versuchen, anhand der politischen Tendenzen des Textes zu zeigen, daß er am ehesten zur Zeit Sesostris' I in der 12. Dynastie entstanden ist. Dabei suche ich in den Angaben über den Vater eine Anwendbarkeit auf die Situation Amenemhets I, in den Angaben über den Sohn eine Anwendbarkeit auf die Situation Sesostris' I.

Zur Klärung der Frage beginne ich mit dem größten Hindernis, der Selbstdatierung in die Herakleopolitenzeit. Hier muß man sich die Bedeutung der Selbstdatierung klar machen. Ägyptische Literatur wird üblicherweise anonym überliefert, nur die Weisheitslehren werden stets einer bestimmten Lehrautorität zugeschrieben. Gerade bei der politischen Literatur des Mittleren Reiches ist diese aber bereits ein Teil des Programms. Es ist kein Zufall, daß die Lehre des Amenemhet vom königlichen Vorgänger, die loyalistische Lehre von einem hohen Beamten, die Berufssatire von einem titellosen Mann aus der tiefsten Provinz und die Lehre eines Mannes an seinen Sohn von einem Anonymus geschrieben wurde. Diese Autoren sind für die beabsichtigte Wirkung wesentlich, und deshalb wird auch in allen Fällen die Lehrautorität nicht mit dem Lehrprotokollanten[3] identisch sein.

Zu fragen ist also nur, ob man von der 12. Dynastie den Rückgriff auf eine herakleopolitanische Lehrautorität erwarten kann. Da damals eine vergangenheitsbetonende Haltung sehr üblich war[4], gerade auch in der Literatur, wo die Prophezeihung des Neferti in die Zeit des Snofru gesetzt wird, spricht prinzipiell nichts dagegen. Besonders gute Parallelen liefert die Bauernerzählung, die in einen fiktiven Rahmen der Herakleopolitenzeit gesetzt ist (BERLEV 1987a). Zudem zielt die literarische Propaganda der 12. Dynastie oft speziell auf die unterägyptischen, also ehemals herakleopolitanischen Gebiete (POSENER 1956, S .17 u. 59, GESTERMANN 1987, S. 111-113). Demnach kann die Selbstdatierung nicht als Hindernis für eine Datierung in die 12. Dynastie angesehen werden.

In der Darstellung des Vaters gibt es einen Punkt, der deutlich auf Amenemhet I verweist, nämlich die Beseitigung der Asiatengefahr. Als Tat Amenemhets I ist dies besonders in der Prophezeihung des Neferti belegt[5]. "Die Asiaten werden wegen seines Gemetzels fallen" (Neferti E 63). "Man wird die Mauern des Herrschers bauen, indem man verhindert, daß die Asiaten nach Ägypten herabkommen, damit sie in der Art von Flehen bitten müssen, um ihr Vieh zu tränken" (Neferti E 66-68). Im vorangehenden Text der Unheilsprophezeihungen spielt die Asiatengefahr eine entscheidende Rolle.

Von den zeitgenössischen Dokumenten berichtet die Stele des Generals *Nỉ-św-mnč.w* Louvre C1 (SIMPSON 1974, Pl. 14) über Kämpfe gegen die Asiaten (POSENER 1956, S. 79). So zu verstehen ist wohl auch die Passage Urk. VII,

3 Zu diesen Begriffen s. SEIBERT 1967, S. 69 f.

4 Einiges Material bei REDFORD 1986, S. 151-163.

5 Text bei HELCK 1970, neuere Bearbeitungen von GOEDICKE 1977a, BLUMENTHAL 1982, KAMMERZELL 1986.

12,3-4, in der WARD 1969; 1971, S. 65 f. einen Bezug auf die Vertreibung der Asiaten sieht. Der Text ist jedoch wegen seines schlechten Erhaltungszustandes nur mit Vorsicht zu verwerten (s. ferner WILLEMS 1983/84, S. 99-101).

Auch die inneren Kämpfe, von denen im Merikare berichtet wird, und die zunächst im Rahmen der vorgeblichen Abfassung in der Herakleopolitenzeit stehen, lassen sich mit einer Deutung auf die 12. Dynastie vereinbaren. Amenemhet I hatte es offenbar nicht leicht, seine Usurpation durchzusetzen und mußte ernsthafte innere Kämpfe führen (WILLEMS 1983/84). So heißt es in der Prophezeihung des Neferti: "Die, die Böses begehen, die Rebellion planen, sie haben aus Furcht vor ihm ihre Worte fallen gelassen." (Neferti E 62-63). "Die Rebellen (werden fallen) vor seiner Wut, die Aufrührer vor seiner Authorität. Die Uräusschlange an seiner Stirn macht ihm die Aufsässigen friedlich" (Neferti E 64-65).

Von Unruhen und Wirren, die geordnet werden müssen, spricht im Rückblick auf diese Zeit auch die große Biographie des Chnumhotep II: "Als seine Majestät (Amenemhet I) kam, damit er das Unrecht beseitige, erschienen wie Atum selbst, damit er restauriere, was er verfallen gefunden hatte, was eine Stadt von ihrer Nachbarin genommen hatte, damit eine Stadt ihr Gebiet von der anderen unterscheide. Ihre Grenzstelen wurden wie der Himmel vortrefflich gemacht, ihr Wasser wurde gekannt nach dem schriftlich Überlieferten, revidiert nach dem alten Zustand, weil er die *M3ᶜ.t* so sehr liebte" (Urk. VII, 27,8-17).

Es ist übrigens verlockend, die hier beschriebene Gebietsreorganisation, die in ähnlicher Weise auch sonst aus der 12. Dynastie bekannt ist[6], mit der Merikare E 85-87 beschriebenen Verwaltungsorganisation in Verbindung zu bringen. Weitere Zeugnisse für eine grundlegende Neufestlegung der Gebietsgrenzen sind auch einige Grenzstelen aus der Zeit Sesostris I (HABACHI 1975, S. 33-37, T. 14), sowie besonders die exakten Gauverzeichnisse auf der Chapelle blanche (SCHLOTT-SCHWAB 1981, S. 26-29).

Indirekt bezeugt werden Unruhen auch durch die Kamula-Stele Berlin 22 820 (ANTHES 1930), die nach FREED 1981, S. 76 in die Zeit Amenemhets I zu datieren ist und von Flüchtlingen berichtet, die aus den westlichen Oasen zurückgeholt werden.

Auch die in der Biographie des *ᶜḥ3-nḫt.w* aus el-Bersche erwähnten Unruhen könnten mit dem Aufstieg der 12. Dynastie zusammenhängen, wenngleich BROVARSKI 1981 sie in die Herakleopolitenzeit datiert hat (dagegen WILLEMS

6 Kairo 20539 Seite 1 b2, datiert unter Sesostris I, Urk. VII, 31,13-32,1, unter Sesostris II.

1983/84). Die im selben Text auftauchende Formulierung "Ich stellte die alten Zustände der Grenzen im Hasengau her" (GRIFFITH/NEWBERRY 1895, Pl. XII, Z. 11) hat ihre Parallelen jedenfalls in den oben zitierten Texten sämtlich aus der 12. Dynastie.

Eventuell hierherzustellen sind Kampfdarstellungen aus Gräbern in Beni Hassan, in denen möglicherweise Ägypter gegen Ägypter kämpfen (SCHULMANN 1982, S. 176 ff.). Gegen SCHULMANN müssen die betreffenden Gräber in die 12. Dynastie datiert werden (GESTERMANN 1987, S. 180-189). Hier dürfte aber Zurückhaltung bei der historischen Verwertung angebracht sein.

Es ist nicht verwunderlich, wenn unter diesen Bedingungen ein friedliches Miteinander im Lande propagiert wird, zumal Sesostris I mit ähnlichen Schwierigkeiten zu kämpfen hatte.

Ein weiterer Punkt ist von Interesse. In der Lehre Amenemhets[7] gibt der königliche Vater mit bemerkenswerter Offenheit eigene Fehler zu: "... denn ich hatte es nicht vorbereitet, ich hatte es nicht erwogen, mein Herz hatte die Nachlässigkeit der Diener nicht erahnt" (VII d–e). In der Kombination von erfolgreichen Taten mit dem Eingeständnis von Fehlern (BLUMENTHAL 1985, S. 104-107) ergibt sich ein Königsbild, das dem der Lehre für Merikare außerordentlich ähnlich ist, was um so bemerkenswerter ist, als es für Ägypten sehr ungewöhnlich ist.

Auf ein weiteres Detail möchte ich noch hinweisen. Der Vater gibt an, alte Bauten zerstört zu haben (E 119-123) und rät seinem Sohn, sich sein Grab nicht aus dem Abbruch alter Gebäude zu errichten (E 78-79). Dies läßt sich mit einem archäologischen Befund verbinden. Die Pyramide Amenemhets I ist zum Gutteil aus wiederverwendeten Blöcken alter Bauwerke errichtet (GOEDICKE 1971), während in der Pyramide Sesostris I kein einziger Block eines älteren Bauwerks nachzuweisen ist (ARNOLD 1988, S. 71).

Findet man somit deutliche Parallelen zwischen der Darstellung des Vaters des Merikare und Amenemhet I, so lassen sich auch Verbindungen zwischen Merikare und Sesostris I ziehen. Bemerkenswert ist vor allem die klar ausgebildete Dichotomie zwischen der Belohnug loyaler Anhänger, die dem "Weg des Lebens" folgen und der strengen Bestrafung der Aufrührer, wobei letzterer Punkt bemerkenswert konkret faßbar wird (ASSMANN 1979, S. 36 ff.), ferner die Erwählung durch den Gott schon in frühester Kindheit, um das Land gut zu regieren.

7 Text bei HELCK 1969, wichtige neuere Arbeiten von FOSTER 1981, BLUMENTHAL 1984, 1985, GOEDICKE 1988.

Ein recht elementares Beispiel, das diese Ideen vereint und noch Aggression gegen das Ausland hinzufügt, ist eine Bauinschrift Sesostris' I aus Elephantine, Kairo 19/4/22/1 (HABACHI 1975, S. 30 f., T 14 c). "König, der das Land begründet, der die *rḫy.t* ernährt, der die Rebellen beseitigt (*ṯr*), der die Bogenvölker vernichtet, der die beiden Länder in Rechtfertigung[8] ergriffen hat, Herr der Freundlichkeit, mit dauernder Beliebtheit, der Sohn des Re, den er zum König beförderte, dem er schon im Ei das Erobern anbefahl, der vollkommene Gott Sesostris, geliebt von Satet, Herrin von Elephantine, mit Leben, Dauer und Stärke beschenkt in Ewigkeit."

Andere Fälle sind dadurch problematischer, daß die aggressiven Töne weniger eindeutig auch gegen innere Feinde gehen, z. B. in der Inschrift des Hor, Wadi el-Hudi 143 (zuletzt SEYFRID 1984). "Der vollkommene Gott, der die *iwn.tiw* erschlägt, der die Nacken der Asiaten abschneidet, der Herrscher, der die *ḥ3.w-nb.w* umschlingt, der die Grenzen der nubischen Rebellen erreicht, der die Häupter aufsässiger Zusammenrottungen (?)[9] vernichtet, mit weiten Grenzen, mit ausgedehnten Schritten, dessen Vollkommenheit die beiden Länder vereint hat[10], Herr des Ansturms und der Furcht in den Fremdländern, dessen Gemetzel die Rebellen niedergeworfen hat, dessen Frevler vor dem Gemetzel seiner Majestät zugrunde gegangen sind, dessen [Ansehen ?][11] seine Feinde eingefangen hat, ein Großer, mit süßem Charakter für den, der ihm folgt, der Lebensatem dem gibt, der ihn verehrt" (Z. 1-6).

Ich denke jedoch, daß man hier die nicht ausdrücklich auf Ausländer bezogene Gewalt auf innere Feinde beziehen kann, zumal ihr Gegenpol, nämlich die Freundlichkeit gegen loyale Anhänger, deutlich vorhanden ist.

Ein wesentliches Thema ist diese Dichotomie auch im ersten Teil der Loyalistischen Lehre (POSENER 1976; CHAPPAZ 1982). "Seine Flamme brennt mehr als die Glut der Flamme, sein Ansturm ist brennender als Feuer. Er erfrischt mehr als eine hohe Überschwemmung, er hat das Land mit "Lebensbäumen" gefüllt. Er gibt Speise denen, die ihm folgen, er versorgt den, der ihm loyal ist. Sein Belohnter wird zum Herrn einer Opfergabe, sein Widersacher wird zum

8 Ließ *m m3ꜥ-ḫrw* ? Cf. P. Kahun I,1 (GRIFFITH 1898, Pl. 1); Siut I,253.

9 *3b.t* ist vielleicht im von POSENER 1950b, S. 81 f. erwogene Sinne zu verstehen. S. auch MEEKS 1974, S. 60, FRANKE 1983, S. 285.

10 Gegen SEYFRIED scheint mir die Auffassung aller *śḏm.n=f*-Formen dieser Passage als Relativformen zwingend. Auch die Übersetzungen von ROWE 1939 und SADEK 1980, S. 85 sind nicht exakt.

11 In der Lücke muß noch ein kurzes Wort gestanden haben, etwa [hieroglyphs].

Habenichts. Die Anhänger des Königs werden zu Ehrwürdigen, [...], die ihn lästern" (§ 3,1-12).

"Er ist der Chnum jeden Leibes, der Erzeuger, der die *rḫy.t* erschuf. Er ist Bastet, die die beiden Länder schützt. Der, der ihm huldigt, wird von seinem Arm geschützt. Er ist Sachmet gegen den, der seinen Befehl übertritt. Der, den er gering achtet, wird den Krankheitsdämonen verfallen[12]" (§ 5,9-14).

Einiges Material enthält auch die Lehre eines Mannes an seinen Sohn[13]. "Er beglückt den, der seine Macht verkündet. Wer ihn vergißt, nimmt kein gutes Ende. Er ist größer als Millionen für den, den er begünstigt hat. Er ist ein Damm für den, der ihn zufriedenstellt. Wer ihm dient, wird großen Besitz erlangen. Er gibt sein Herz dem, den er erwählt hat ..." (III,1-5).

"Heil an Gliedern ist, wer ohne Namen war. Er (der König) beschwört für ihn seinen Leib. Wer krank ist (?), wird von seinem Arm beschützt. [Man] bestattet den, der zu ihm aufrichtig ist. Man beglückt den, der sich (!) bei seinem Namen kontrolliert. Wer überlegt, ruht im [Grab ?]. Aber es gibt kein Grab für den, der seinen Namen mißbraucht, keine Wasserspende für den, der ihn lästert" (VII,1-5, ergänzt nach POSENER 1987b, S. 363 u. ČERNÝ/GARDINER 1957, 41,3. O. Toronto 5 verso gehört nicht hierher).

In diesem Text werden die materiellen Vorteile des Loyalismus besonders deutlich herausgestellt, so im oben zitierten Abschnitt auch die Versorgung für das Jenseits. Besonders klar tritt dies im Sonst-Jetzt-Schema hervor (SEIBERT 1967; SCHENKEL 1984, S. 54 ff.). "Wer ohne Versorgung war, ist Herr von Schätzen. Wer gering war, ist Herr von Jubel[14]. Er läßt den landen, der ohne Landen war. Wer leidend war, ist Herr einer Stadt. Er lehrt den Stummen das Sprechen, er öffnet die Ohren des Tauben" (V,3-5 nach den Lesarten von POSENER 1987b, S. 363).

Die Aufforderung zum Loyalismus in all diesen, mutmaßlich aus der Zeit Sesostris' I stammenden Texten (POSENER 1976, S. 15-16; BRUNNER 1978; BERLEV 1987b, S. 157) ist keine leere Floskel, sondern beruht auf einer tatsächlichen Entscheidungsmöglichkeit (ASSMANN 1979, S. 39 f.).

12 Weil die *šmȝ.yw*-Dämonen gern mit Sachmet oder Bastet verbunden werden (EDWARDS 1960, S. 8 Anm. 37), ist diese Übersetzung POSENERS "sera reduit à la mendicité" und KUENZ' (1932, S. 100) "sera dans la misère" vorzuziehen.

13 Veralteter Text bei HELCK 1984, S. 23-72, zusätzlich GAAL 1984, LOPEZ 1984, S. 51 f., T. 187, POSENER 1985a, 1987b, ROCCATI 1986, FOSTER 1986, FISCHER-ELFERT 1988.

14 Oder, mit Emendation des Determinativs, "von Anhängern".

Auf der Seite der Beamten entspricht ihr einerseits eine besonders betonte Loyalität, andererseits die vom König übernommene Dichotomie von Belohnung der Treuen und Bestrafung der Rebellen auch durch die Beamten, wofür ich im folgenden einige Beispiele gebe.

So sagt Sarenput I von Elephantine: "Ich machte dieses Grab in der Gunst des Königs Sesostris. Seine Majestät zeichnete mich aus im Lande, ich wurde hervorgehoben gegenüber den Herrschern der Gaue. Die alten Gesetze wurden für mich bekräftigt (?), man ließ mich den Himmel in einem Augenblick erreichen. ... Seine Majestät ließ mich beglücken wie jeden Fürsten seiner Residenz. Ich bin ein Trefflicher zur Seite seines Herrn, einer den seine Fähigkeit ausgezeichnet hat. ... Ich gab sehr viel Huldigung und 'Heil Dir', bis die Kehle eng wurde, ich jubelte darüber, daß man mich den Himmel erreichen ließ. ... Die Götter, die im Gefolge von Elephantine sind, mögen[15] sie für mich seine Majestät dauern lassen als König, mögen sie für mich seine Majestät von neuem gebären, möge er für mich Millionen an Sed-Festen wiederholen, mögen sie ihm die Ewigkeit geben als König, möge er sich niederlassen auf dem Thron des Horus von neuem, so wie ich es wünsche" (GARDINER 1908, Pl. VI-VII).

Hier liegt ein durchaus ungewöhnliches Beispiel von Heilswünschen für den König seitens eines neu eingesetzten Beamten vor. Konventioneller spricht derselbe Sarenput von sich: "(Ich bin einer), der dem loyal ist, der ihn ausgezeichnet hat, der tut, was der lobt, der ihn lobt, der dem König folgt nach seinen Schritten" (HABACHI 1985, S. 25, Fig. 1d, Z. 3-5, T. 9). Auch hier ist jedoch die loyale Bindung des neu eingesetzten Beamten an den Herrn deutlich, die sich in der Formel *mç̌ṭ mčn/w3i̯.t ni̯/n.t ś:mnḫ św* ausdrückt, die zuerst, und gleich mit vielen Beispielen, unter Sesostris I belegt ist (JANSSEN 1946, S. 70 Bc)[16].

Neben der besonders betonten Loyalität nimmt die Abwehr der Rebellen bei Sarenput I nur einen geringen Raum ein, sie beschränkt sich auf die Teilnahme an rituellen Festen zur Feindvernichtung (EDEL 1971, S. 9 f.), bei denen wohl die bekannten Ächtungsriten (POSENER 1987a, S. 7-10) durchgeführt wurden.

Interessantes Material bietet auch Hapidjefai von Siut, der von sich sagt: "Wahrer Liebling seines Herrn, der handelt, wie es in seinem Herzen ist, mit

15 Gegen GARDINER 1908, S. 125 und H. W. MÜLLER 1940, S. 30, möchte ich alle folgenden Verbalformen als Subjunktive auffassen.

16 Auch die einfache Formel *mç̌ṭ mčn/w3i̯.t* wird erst in dieser Zeit wirklich häufig, da von JANSSENS 6 Belegen für die 11. Dynastie 3 tatsächlich in die 12. zu datieren sind. Für Mentuhotep (zwei Beispiele) s. SCHENKEL 1964, S. 6 f.; BERLEV 1981b, Sp. 318 f. und bereits die Bemerkungen in der Editio princeps von GRIFFITH 1896, S. 204, für Florenz 6365 = 1774 s. FISCHER 1972, S. 69-70).

trefflicher Leitung, wenn er ausgeschickt wird, Herr des Lobes bei allem Registrierten, mit weitem Schritt, den der König bewirkt, Gelobter des Horus inmitten des Palastes, der seine Stellung kennt im Königshaus, aufrichtigen Herzens bei dem, was ihm befohlen wurde, dessen Herr seine Fähigkeit gesehen hat, dessen Ansehen der Herr der beiden Lände gab, erfreut über die Leitung des Königshauses, Liebling des Horus, der ihn ausgezeichnet hat" (Siut I 218-221).

"Frei von Aufruhr[17], der die Prinzipien dessen, was sein Herr lehrt, ergreift wie mein Vater[18], an dessen Platz ich gekommen bin, Liebling des Horus, der ihn ausgezeichnet hat, mit weiten Schritten, ohne Übermaß, erfreut über die Leitung des Königs, einzig Vortrefflicher ohnegleichen, dessen Herr seine Größe bewirkte, mit vortrefflichem Plan bei dem, was ihm befohlen wurde, den sein Herz zur Ruhe erzog, der die Hitze beseitigte, der seine Stellung kennt, dessen Herr seine Fähigkeit machte, der befördert wurde wegen der Trefflichkeit seiner Pläne, der Fürst und Priestervorsteher Hapidjefai, Sohn der *Yʿ3.t*" (Siut I, 347-351).

Sind diese Passagen, obwohl sie die Tendenz zur Loyalitätsbekundung, die Stellung gegen Aufruhr und die Anwendung des Leistungsprinzips (Merikare E 61 f.) zeigen, noch eher konventionell, so zeigt das Nachfolgende deutlich die Kombination von Freundlichkeit und Aggression: "Ich bin einer, der das Aufbrausen[19] des Hochmütigen beseitigte, der den mit lauter Stimme zum Schweigen brachte, so daß er nicht redet. Ich bin der Prügel, der Tausende von Aufrührern schlug[20], die Sanftmut für seinen Gau, mit zornigem Herzen, wenn er irgendeinen Agressor sieht, freundlich für den, der seinem Weg folgt. Ich bin einer, der den Hochmut bei dem mit rebellischem Herzen beseitigte, der den Vorlauten (?)[21] demütigte. Ich bin es, der den Räuber bei seinem Ansturm abwehrte, der die Habsucht in seiner Truppe beseitigte" (Siut I 229-231).

Es dürfte offensichtlich sein, daß der Gaufürst hier im kleinen die Attitüde des Königs kopiert. Strukturell ähnlich sind auch einige Stellen aus der Auto-

17 Wohl *ḥ3ʿ* mit als Determinativ. WB III, 30,5 ist zu streichen.

18 Oder: wie die meines Vaters.

19 Ließ *ʿbẖbẖ*, Reduplikationsbildung zu *ʿbš* "aufbrausen" (SETHE o. J. S. 267, dagegen GRIMM 1989, S. 113 "ertränken"). Auch die Krokodilsbezeichnung *ʿbš* (HORNUNG 1963, S. 138 f.) gehört zu dieser Wurzel. WB I, 472,15 und FAULKNER 1962, S. 84 ist der Text falsch segmentiert und *ʿ* als Determinativ zu *ṯr* gezogen.

20 Nach der Textwiedergabe bei MONTET 1930-35, S. 49 mit Anm. 2 ist wohl *ink śmi ḥwi̯ ẖ3.w* zu lesen. Das WB IV, 130,10 und FAULKNER 1962, S. 227 aufgeführte Verb *śmi* "züchtigen" ist zu streichen.

21 Ließ *wmt-rꜣ* "mit dickem Mund". Der Ausdruck scheint sonst nicht belegt zu sein.

biographie des Mentuhotep Kairo 20 539, ebenfalls aus der Zeit Sesostris' I. Aus dem langen Text zitiere ich nur einige Phrasen: "Der die Gesetze gibt, der die Ämter befördert, der die alten Zustände der Grenzen bestätigt, der einen Bezirk von seinem Nachbarn trennt, der im Auge der *ḥnmm.t* ist, der das ganze Land erfreut" (I b 2). "Der die Rebellen gegen den König demütigt" (I b 10). "In dessen Schatten jedermann kommt, der im Auge der *rḫy.t* ist, der *k3*'s (bzw. Speisen) gibt, der die Ämter befördert, Herr der Pläne, groß an Beliebtheit" (I b 11-12).

Wenn man von Loyalismus spricht, ist es angebracht, auch auf den Text des *Mčč.i* hinzuweisen (KAPLONY 1968; BRUNNER 1988, S. 354 f.), der in einer Anrede an die Lebenden loyalistische Aufforderungen enthält. Dieser Text ist allerdings historisch schwer einzuordnen, da die übliche Datierung in die 5. Dynastie sicher falsch ist. Nach MUNRO 1982, S. 98 Anm. 33; 1984, S. 72 Anm. 24 kann *Mčč.i* keinesfalls vor die späte 6. Dynastie datiert werden, wahrscheinlich noch einiges später (s. ZIEGLER 1990, S. 122).

Hinter den Aussagen über Rebellen steckt wohl eine tatsächliche Realität. Dies zeigt sich zunächst bei der Ermordung Amenemhets I, die offenbar von Rebellen unter den Höflingen ausging (Lehre des Amenemhet, IX a-b). Wenn der Thronfolger Sesostris auf die Nachricht vom Tode seines Vaters hin sofort zur Residenz eilt und dabei seine Gefolgsleute mitnimmt (Sinuhe R 20-22), so ist es offensichtlich, daß hier sofortige militärische Gegenmaßnahmen für nötig gehalten wurden.

Sinuhe selbst, der als Gefolgsmann hätte mitziehen müssen, sagt bezeichnenderweise: "Ich beabsichtigte nicht, zu dieser Residenz zu gehen, denn ich dachte, daß Aufruhr entstehen würde und ich erwartete nicht, danach zu leben" (Sinuhe B 6-7). So begeht er aus Feigheit eine strafbare Flucht (PARANT 1982, S. 131-138).

Konkret von der Bekämpfung der Rebellen spricht Sesostris I in der Bauinschrift von Tôd[22]. *ṯı̱ r t3 ḥm=f r ś.t=f ḫʿı̱.t r ḥw.t-nčr irı̱.t iḫ.t ś:nčr ḥr śç̌.t ḥtp m ẖn.w m3ʿ wṯḥ.w m ḥç̌ nb.w ḥm.ti ḥśmn bi3.ti m ḫsç̌b mfk3.t m ʿ3.t nb.t ṯmç̌.t nfr nfr ʿš3 ʿš3 r iḫ.t nb.t m33 m t3 pn ç̌r b3ḥ m b3k.t ḫ3ś.tı̱w śmn.tı̱w ḫns.w t3.w ḫr ḥm=(i) wn.k(w) r=i ḥr m33 ś.t tn rʾ-pr.(w) pn iw=f ḫft ḥr ḫm nı̱ nčr nb.(w) nčr.w w3ı̱.(w) r wnn m čwn.w m mw ʿ.t=f nb.t mḥ.t(i) m ḫm.w ḳ3ı̱.w n.w t3 m imn.wt=f m ś:ẖn.w nı̱ iry.t im ç̌fy ḥbś.{i}n=f mr.w=f ç̌b3.n[=f] m:ẖnm.t-f ḥw ḫpr.(w) r rʾ nı̱ mr=f pḥ.n*

22 Publiziert in unzuverlässiger Abschrift von HELCK 1985, Teile auch bei REDFORD 1986 S. 260 f. übersetzt. Hier nach einer unveröffentlichten Abschrift von Clère, die mir Prof. Schenkel zur Verfügung gestellt hat. Einige Vorschläge verdanke ich R. Müller-Wollermann. S. auch WILLEMS 1990, S. 41.

*i3.t=f m3ʿ.w=f ḥw.t[-nčr] tn rṭ.t(i) m š3b.wt ś.t çśr n rḫ bw rʾ-śś(i) tp-šw pw m33.t=i im=ś inb=ś nb m nś(i) ni̱ śç.t ḫ.t [w3i̱.t(i)] {iri̱} ⟨r⟩ śḫm i[m] m (?) nf ⟨ni̱⟩ i:ḫm.w i3i̱ bśk.w-ib w3i̱.w r iči̱.t nf ni̱ rś.wt ḫ[t]ḫt.t t3 pn rši̱.w r ḥ3ʿ.yt šw3.w ipf iw.ṭi̱w wnn=śn wʿ.w nb m iči̱ n=f çś=f wṭi̱.w śç.t w3i̱ r ḥw.t-nčr śnb.w pr.(w) pn iri̱.n=(i) rśfi.w im=śn n fḫ=(i) ʿ.w=(i) m č3y ḥr ḥm.t in.wt m śrḥ.w çw.w m pḥ.wt ḫrw.yw m ḫtiw çi̱ m ʿḫ tk3 pw n irr=śn nf.n=i św r=ś ḫ.t pw šṭi̱.tn=(i) wbç.n=ś [.]mś m ib pw ni̱ nčr irr.y śḫr.w [...] n=(i) pw ḫpr wç.n=f n=(i) iri̱ n p3u̱=i p3u̱.n=(i) iri̱.t m mri̱.tn=f wpi̱.n=i ʿ.wwi=i m nç-ḥr iw=i m ḥwn.[w] śç.ti iti=f š3ʿ.[n=(i)] m ṭnṭn ḫrw.yw iśč św [...] pri̱.[w]=f n.w ẖʾ.t ṭšr ḥ3.ti=(i) m nḫn.t tf (?) m mśi̱.w ḫrw.yw*

"Landen seiner Majestät an seinem Platz. Prozession zum Tempel. Durchführen der Opfer. Weihrauch auf die Flamme. Ruhen im Inneren. Darbringen von Opfertischen aus Silber, Gold, Kupfer, Amethyst, Quarzit, aus Lapislazuli und Türkis, aus allen Edelsteinen vereint, sehr schön, sehr zahlreich mehr als alle Dinge, die in diesem Land früher gesehen wurden, als Abgabe der Ausländer und der Prospektoren, die die Länder unter meiner[23] Majestät durchziehen. Ich sah nun diesen Platz und diesen Tempel, indem er vor der Kapelle des Gottes, des Herrn der Götter, war, indem er eine Anhöhe im Wasser war[24]. Jede seiner Kammern war mit Schutt gefüllt. Erdhügel waren in seinen verborgenen Räumen aus dem Abbruch des dort Gemachten. Verfallenes bedeckte seine Kanäle, es verstopfte seinen Quellplatz. Eine Überschwemmung war entstanden bis zum Rand seines Teiches. Seine Schutthügel erreichten sein Ufer. Dieser Tempel war mit Melonen bewachsen. Der heilige Platz - (sein) Ort war gänzlich[25] unbekannt. Verwüstung war, was ich in ihm sah. All seine Mauern waren in der Glut des Feuers. Die Flamme hatte sich dort (?) bemächtigt[26] jener Leute, die kein Lobpreis kennen, derer mit herausgenommenem Herzen[27], die stehlen, jener Rebellen[28], die das Land durchziehen, die sich am Aufruhr erfreuen, jener Bettler, die

23 Der Wechsel von der dritten in die erste Person ist überraschend, aber zweifelsfrei.

24 Die hier und im folgenden oft auftauchende Verbindung *w3i̱ r* verursacht Schwierigkeiten bei der exakten Übersetzung, s. KUENZ 1932, S. 105; VANDIER 1961, S. 180, FECHT 1972, S. 21 f. Anm. 23 und gegenteilig S. 225 f. Die wichtigste Studie bleibt GARDINER 1909, S. 53, jedoch sind die dortigen Ausführungen zu *w3i̱ n rn=f* nach POSENER bei HAYES 1955, S. 57; VERNUS 1974, S. 122 f.; KOENIG 1989, S. 54 zu modifizieren. Mir scheint es übersetzungstechnisch am besten, *w3i̱ r* vokabelmäßig nicht wiederzugeben, was ich anderswo begründen werde.

25 *rʾ-śśi* ist die ältere Form von *rʾ-śi*, s. GARDINER 1916, S. 153.

26 Abschrift: [illegible], ließ [illegible] ?

27 Das Feinddeterminativ zeigt hier und im folgenden den geköpften Mann.

28 Zu *rś.t* s. zuletzt RITNER 1989.

nicht sind[29], ein jeder ein Dieb für sich selbst, die Feuer an den Tempel gelegt und die Mauern dieses Hauses umgestürzt hatten. Ich machte einen Fang aus ihnen. Ich löste meinen Arm nicht von Mann und Frau. Die Täler waren ...[30], die Berge waren Korngarben[31], die Feinde waren eine Dreschtenne[32], die in den Feuerofen gegeben wurde. Das ist eine Flamme dafür, daß sie (so) handeln[33]. Ich blies sie gegen es. Das ist eine Flamme, die ich fortnahm, nachdem sie gebrannt hatte. Das ist eine Eingebung (?)[34] des Gottes, der die Pläne macht. [Was er] mir [sagt ?] ist, was geschieht. Er befahl mir: Handle!, nachdem ich vorher nicht gehandelt hatte. Ich tat früher, was er gewünscht hatte, ich öffnete meine Arme zum Gruß, als ich ein Jüngling war, das Ziehkind seines (göttlichen)[35] Vaters. Ich bega[nn] mit dem Niedermetzeln der Feinde, während er ...[36] was aus seinem Leib kommt. Mein Herz ist wütend über die ... Jugend, über die Kinder der Feinde" (Z. 25-32).

Trotz der verschiedenen Unklarheiten erkennt man doch relativ deutlich, daß der König sich mit einer erheblichen Gruppe von inneren Feinden auseinandersetzen muß, die getötet und anschließend offenbar verbrannt werden[37]. Gleichzeitig scheint es, daß eine göttliche Rechtfertigung für diese Vorgehen gegeben wird. Damit wird der Vergleich zur Lehre für Merikare doppelt interessant. Nicht nur, daß auch in der Lehre für Merikare die Bekämpfung der Rebellen ausführlich dargelegt und auf eine theologische Basis gestellt wird, sondern hier zeigt sich auch, in Befolgung des Rates zur Rhetorik (Merikare E 32), das früher recht stumme Königtum sehr beredt in der Darlegung seiner Fundierung.

Diese Entwicklung scheint generell mit den Bauinschriften Sesostris' I zu beginnen (SCHENKEL 1975b, S. 109 f.). Zwar schreiben auch die Könige der 11. Dynastie schon historische Inschriften, jedoch bleibt etwa die Hundestele noch ganz im Stil einer Beamtenbiographie (REDFORD 1986, S. 148). Auch die Inschrift

29 D. h. die der ontologischen Kategorie des Nicht-Seins zugerechnet werden.

30 , ein unbekanntes Wort, möglicherweise "zum Trocknen ausgebreitete Fische".

31 Diese Formulierung dürfte sich in der Art der bei GARDINER 1951 besprochenen Ausdrucksweise auf die niedergemetzelten Feinde beziehen.

32 Wohl eine verkürzte Ausdrucksweise für den Inhalt der Dreschtenne.

33 Oder "Das ist die Flamme dessen, der gegen sie handelt" (*irı̯ r=śn*).

34 ///, das erste Zeichen ist unklar, die Bedeutung des ganzen nach dem Zusammenhang geraten.

35 Das Wort ist mit dem Götterdeterminativ versehen.

36 Es folgen einige undeutbare Reste, anschließend eine Lücke von 1/4 Zeile.

37 Für ähnliche Bestrafungen s. POSENER 1985b, S. 32 f. mit weiterer Literatur; ferner LEAHY 1984; ZIBELIUS-CHEN 1990, S. 356.

aus ed-Deir (FISCHER 1964, S. 105 f., 112-118), mutmaßlich aus der Zeit Mentuhoteps II, scheint nach den erhaltenen Resten im wesentlichen zu erzählen, aber nicht über das Königtum zu räsonieren.

In den Inschriften der 12. Dynastie ändert sich das. So enthält die Bauinschrift Sesostris' I aus Elephantine (SCHENKEL 1975b, HELCK 1978) bemerkenswert formulierte Passagen: "[So wie die Sonne ihr Aufgehen nicht beenden wird, so wie] der Mond[38] seinen Lauf nicht einstellen wird, so wie der Himmel nicht herabfallen wird[39], so wie die Erde sich nicht umkehren wird, so wird mein Eid dauern und mein Name beständig sein im [Mund der Lebenden]" (Block S 649 + S 140 + S 619). Im folgenden ziemlich zerstörten Text fordert der König mit ausführlichen Argumenten zur Verehrung des Gottes auf (mit einigen Bemerkungen über die Bestrafung von Widersachern). Weitere Fragmente enthalten neben rühmenden Epitheta auch die Erwähnung, daß dem König die Herrschaft über Ägypten und die Fremdländer von den Göttern zugewiesen wurde. Es finden sich offenbar auch, wie in der Inschrift von Tôd, Hinweise auf Verwüstungen und Aufruhr. So ist nach einem Hinweis von Prof. Schenkel das *rś.t* auf Block So Nr. 2, Z. 1 als "Rebellen", nicht als "Traum" zu verstehen. Neben den Berichten über Verwüstungen in königlichen Inschriften steht auch der Bericht über die Verwüstung des Heka-ib-Heiligtums in der Inschrift des Gaufürsten Sarenput I aus Elephantine (HABACHI 1985, S. 36-37, Pl. 24).

Am bekanntesten ist wohl die Bauinschrift Sesostris I von Heliopolis auf der Berliner Lederhandschrift (DE BUCK 1938, GOEDICKE 1974, EL-ADLY 1984): "Ich will Denkmäler machen, ich will dauernde Dekrete aufrichten für Harachte. Er schuf mich, um zu tun, was er getan hat, um entstehen zu lassen, was er zu tun befahl. Er machte mich zum Hirten des Landes, da er wußte, daß ⟨ich⟩[40] es für ihn in Ordnung halten würde. Er übergab mir, was er bewacht, was das Auge an ihm erleuchtet. ⟨Ich⟩ will gänzlich handeln nach seinem Wunsch. Mir wurde ausgerüstet, was er zu wissen bestimmte. Ich bin ein

38 Lesung und Ergänzung nach SIMPSON 1981b, S. 69.

39 Im Text liegt überall die futurische Verneinung *n śçm.w=f* vor, eine seltene Konkurenzform zur im Mittleren Reich üblichen Verneinug *nn śçm=f* mit Subjunktiv (Eindeutige Beispiele Bauer B1,57 *nn iwt*, Bauer R 103 *nn m3n*). Einige der bei GUNN 1924, S. 97-105 zitierten Beispiele gehören hierher. Siehe VERNUS 1990c, S. 121-142. Zur Verwendung des prospektiven *śçm.w=f* in den, Eiden syntaktisch gleichwertigen, Anrufen an die Lebenden s. EDEL 1959b, S. 108; 1984b, S. 25 f.

40 Die Emendation wird durch den nachfolgend zitierten Paralleltext gesichert.

König, wie er entsteht, ein Herrscher, dem er es gegeben hat.[41] Ich habe als Kindchen erobert, ich war angesehen im Ei, ich habe als Kleinkind geleitet. Er machte mich geräumig zum Herren von zwei Anteilen, als Kind, bevor ich das *m:č3m*-Gewand[42] abgelegt hatte. Er beförderte mich zum Herrn der *rḫy.t*, der geschaffen wurde im Angesicht der *ḥnmm.t*. Er formte mich zum Palastbewohner als Embryo, bevor ich aus meinen Schenkeln herausgekommen war...." (Z. 5-11).

Die hier gebotene Herrschaftsauffassung zeigt einen Herrscher, der von Gott schon im Mutterleib erwählt ist und deshalb dem Gott gegenüber eine spezielle Dankesverpflichtung hat, die sich im Erbauen von Tempeln und Fördern des Kultes äußert. Ferner beinhaltet das Herrschen auch die Amtsverpflichtung, das Land gut in Ordnung zu halten, als Hirte für es zu sorgen. Auf die Parallelität zur Auffassung in der Lehre für Merikare weisen bereits TRIGGER/KEMP/O'CONNER/LLOYD 1983, S. 74 hin.

Einige der in der Lederhandschrift verwendeten Ausdrücke finden sich auch auf der Stele Sesostris' I aus Buhen Florenz 2540 (SMITH 1976, S. 39-47, Pl. LXIX, 1), wobei die gelegentlich korrupte Lederhandschrift und die schlecht erhaltene Buhen-Stele sich gegenseitig erhellen können. Dort heißt es vom König: "Dem Geb das Erbe seines Vaters gab, da er wußte, daß er die beiden Länder in Ordnung halten[43] würde. .... während die Majestät des Königs ein Kleinkind war. Er erzog ihn[44] zum Palastbewohner als Jüngling, bevor er das *m:č3m*-Gewand abgelegt hatte. ... Der Sohn des Atum, dessen Name fühlbar ist[45], groß an Macht in dem, was für ihn geschieht, der über dem Land erscheint

41 Wörtlich "des es ihm Gebens". Ließ *nỉ rḏỉ.t=f n=f*. Die Lesung statt ist nach den Anmerkungen zur Transkription bei DE BUCK 1938, S. 49 u. 51 sowie der Photographie bei GOEDICKE 1974, T. 8 sicher, steht in der von GUNN 1924, S. 84-87 beschriebenen Weise für .

42 Daß *mč3m* "Windel" bedeutet, ist nach den Belegen die GARDINER 1917, Pl. VIII, Z. 3 und MOSS 1932, Pl. 48b, Z. 4 unwahrscheinlich, diese Belege sprechen aber auch gegen die von GOEDICKE 1974, S. 94 vertretene Auffassung "Vorhaut". Vgl. BLUMENTHAL 1970, S. 36.

43 Das Zeichen ist , also *š3ḳ*.

44 Der Text bietet . Wenn dies nicht Determinativ zum vorausgehenden *inp.w* ist (Dann wäre ein Verb ausgefallen.), muß es ein Logogramm sein. In der Lederhandschrift entspricht ein Hapax *imt*. Sofern dies, was mir naheliegend scheint, mit der Kindesbezeichnung *imt.t* (WB I, 78,16-17) zu verbinden ist, läge es nahe, die alte Abschrift zu zu korrigieren.

45 *tit rn=f*; ist wohl das bei LACAU/CHEVRIER 1956/64 S. 76 f. besprochene Wort.

als Herr der beiden An[teile], der vollkommene Gott, Herr der beiden Länder ...." (Z. 5-7).

Knapper formuliert, aber auch reich an Informationen sind die Inschriften der Chapelle Blanche, von denen ich im folgenden nur einige der bemerkenswertesten zitiere (LACAU/CHEVRIER 1956/64, nach den Tafeln zitiert):

"König von Ober- und Unterägypten *Ḫpr-k3-rᶜ.w*, Sohn des Amun-Re, sein Thronnachfolger, Gott, der wacht über den, der ihn gebar, ohne Trägheit gegen den Einzigen, der ihm (das Amt) zuwies, Herrscher, der die Doppelkrone vereint, der vollkommene Gott Sesostris, er lebe ewig" (Pl. 10, A2').

"König von Ober- und Unterägypten *Ḫpr-k3-rᶜ.w* , er macht als sein Denkmal für seinen Vater Amun-Re: Ihn (den Gott)[46] vervollkommnen vor den Göttern, ihn (den Gott) großmachen gegenüber der Neunheit. Möge er (der Gott) ihn (den König) geräumig machen, so wie er (der Gott) veranlaßte, daß er (der König) ergriff[47] als Horus, der auf dem Stufenthron sitzt. Möge er (der König) für ihn (den Gott) ein 'mit Leben Beschenkter' sein in Ewigkeit" (Pl. 10 B2').

"So spricht Amun-Re: Oh Herr der beiden Länder *Ḫpr-k3-rᶜ.w*, ich bin dein Vater, dein Geliebter. Ich habe deinen Rang als König von Ober- und Unterägypten gemacht, da ich wußte, daß du mir alles Gute tun wirst. Du bist es, der für mich handeln wird. Mögest du leben in Ewigkeit" (Pl. 15, Scène 8, rechts).

"So spricht Amun-Re: Ich gebe dir die Große Neunheit zu deinem Schutz. Du bist einer von ihnen. Mögen sie für dich die Herzen der *Pᶜ.wt* einschüchtern" (Pl. 25, Scène 27, rechts).

"So spricht Amun, Oberhaupt aller Götter: Mein Sohn Sesostris! Das Königtum der beiden Länder ist bei dir entsprechend dem, was dein Vater Re befohlen hat" (Pl. 26, Scène 27, rechts).

"So spricht Amun-Re: Mein leiblicher Sohn *Ḫpr-k3-rᶜ.w*, dein Vater Re hat deinen großen Rang eines Königs von Ober- und Unterägypten gemacht, als er dich aus einem Leib mit sich schuf" (Pl. 30, Scène 9' rechts).

Obgleich diese Texte, in denen es im wesentlichen um das Verhältnis zwischen König und Gott geht, den König in die Sphäre des Göttlichen einbeziehen und seine Gottessohnschaft betonen, bleibt eine Distanz. Der König bedarf zum Antritt seiner Herrschaft einer Bestimmung durch den Gott und hat von

46 Bei LACAU/CHEVRIER ist der Großteil des Textes unübersetzt gelassen, bei Klärung der Beziehungen der Suffixe ergibt sich jedoch ein verständlicher Text.

47 Die bei KEES 1958, S. 196 und BLUMENTHAL 1970, S. 41 vertretene Auffassung von als Infinitiv geht, auch abgesehen von den dabei entstehenden Verständnisschwierigkeiten, nicht, weil der Infinitiv von *ičį* im MR mit zwei geschrieben wird. Es liegt Subjunktiv vor.

daher auch eine Verpflichtung, für den Gott zu handeln. Demnach liegen hier dieselben Vorstellungen wie in der Berliner Lederhandschrift vor, die wiederum den in der Lehre für Merikare entwickelten entsprechen.

Insbesondere gilt dies für das auch in der Lehre betonte Errichten von Bauwerken für den Gott. Dies ist ein Programm, das zu Sesostris I, dem größten Bauherrn vor dem Neuen Reich (GESTERMANN 1987, S. 120-121 u. 126, zusätzlich HABACHI 1957, S. 56 u. 111) sehr gut paßt, während es zur Denkmalarmut der Herakleopolitenzeit in hartem Kontrast stände.

Nicht ohne Interesse für die Fragen der Datierung ist schließlich die Betonung des *M3ᶜ.t*-gerechten Verhaltens und die gegen Korruption empfohlenen Maßnahmen. Zwar ist ersteres für Ägypten generell typisch und nicht zeitspezifisch, die explizite Verbindung mit letzterem ist jedoch seltener und kann daher datierungsrelevant verwendet werden.

Gut bekannt sind die von KEES 1928, S. 77 zitierten Parallelen zu Merikare E 43-44 aus der Zeit Sesostris' I. Es ist naheliegend, daß das zweimalige Auftauchen dieser seltenen Formulierung mit dem Vorbild einer literarischen Verhaltensnorm zu tun hat. Derartige Grundsätze gerade zu Beginn der 12. Dynastie sind nicht überraschend. Der damals betriebene Neuaufbau einer weit umfangreicheren Bürokratie wird sicher Tendenzen zur Korruption in sich getragen haben.

Die notwendige Gegensteuerung findet sich auch in der Literatur. So ist die Idee, daß Armut zu ungerechtem Verhalten führe, auch im Nilhymnus X, 1-2 ausgedrückt (VAN DER PLAAS 1986, S. 134). Hier stellt sich jedoch das Problem der Datierung. VAN DER PLAAS 1986, S. 187-190 hat sich für eine Datierung des Nilhymnus ins Neue Reich ausgesprochen, seine Argumente sind jedoch, da meist ex silentio gewonnen, nicht zwingend. Zunächst engt die korrekte Datierung der Schreibtafel des Ashmolean Museum in die frühe 18. Dynastie (GARDINER 1957, S. 20 Anm. 11) den zeitlichen Rahmen ein. Die loyalistische Schlußformel mit der Bezeichnung des Königs als *nb.(w) r ḏr.(w)* (XIV, 1-4) spricht eher für eine Datierung ins Mittlere Reich.

Im zweiten Teil der Lehre eines Mannes an seinen Sohn war die Frage des unparteiischen Urteils offenbar ausführlich besprochen, auch wenn Details durch die lückenhafte Überlieferung unklar bleiben (FISCHER-ELFERT 1988, S. 182-184 u. 191).

Schließlich ist das unparteiische Urteil ein wichtiges Thema der Bauerngeschichte (VOGELSANG 1913, GARDINER 1923). Während hier die untergeordneten Beamten durchaus bereit sind, parteiisch zugunsten des ihnen nahestehenden Nemtinacht zu urteilen (B1, 42-48), zeigen sich der Obergüterverwalter Rensi und der König als unparteiische Richter, die am Ende den Nemtinacht mit all seinem Besitz dem Bauern übergeben (B2, 142-148 nach der Rekonstruktion von GARDINER 1923). Dies ist m. E. die politische Botschaft der Bauerngeschichte, in der dem Leser oder Zuhörer gezeigt wird, daß, auch wenn der Augenschein zunächst dagegen spricht, die staatliche Verwaltung doch am Prinzip der *M3ᶜ.t* orientiert ist (anders SIMPSON 1991).

Da ich oben bereits auf Zitatbeziehungen zwischen der Lehre für Merikare und biographischen Inschriften hingewiesen habe, sei noch ein Fall besprochen, obwohl er nicht eindeutig datierungsrelevant ist, nämlich die von POLOTSKY 1929, S. 31 gefundene Entsprechung zwischen Merikare E 47 und der Hundestele Z. 5. Die Annahme, daß die Hundestele aus dem Merikare zitiere, ist von POSENER 1963a, S. 304 zurückgewiesen worden, der anschließend auch die Zitate zu Merikare E 43-44 in Frage gestellt hat. Nun ist, wie ich oben gezeigt habe, POSENERS Frühdatierung der Hundestele nicht zwingend, da sie wohl auf der hypothetischen Verbindung zwischen der Einnahme von Thinis (Merikare E 72 f.) und der Rebellion von Thinis im Jahr 14 Mentuhoteps II beruht. Bei einer Datierung der Lehre in die 12. Dynastie ergibt sich aber eine andere Erklärungsmöglichkeit. Die Hundestele war im öffentlich zugänglichen Talbau aufgestellt und wohl wegen ihrer ungewöhnlichen Darstellung ein bekanntes Objekt. Noch dem Schreiber des P. Abbot war sie 1000 Jahre später eine einzigartige Notiz wert (P. Abbot 2, 9-11, PEET 1930, Pl. I). Deshalb wäre es nicht ausgeschlossen, daß hier die Lehre von der Stele zitiert. Da die generelle Tendenz auf Versöhnung zwischen Nord und Süd geht, wäre das ein geschickter Kunstgriff des Autors, der so auch thebanische Traditionen einbezieht.

Zusammenfassend läßt sich feststellen, daß es in der Lehre für Merikare nichts gibt, daß sich nicht mit einer Datierung in die 12. Dynastie vereinbaren läßt. Manche Details im Bild des Vaters sowie die besonders hervorgehobene Bekämpfung der Rebellen sprechen sogar sehr konkret für einen Ansatz zu Beginn der Regierungszeit Sesostris I und dürften schwerlich gleich gut in eine andere Periode passen. Die Lehre für Merikare dürfte dabei erst nach der Lehre Amenemhets entstanden sein. Letztere ist sicher direkt nach dem Tod Amenemhets I geschrieben worden. Der Terminus ante quem für den Merikare ist durch das Zitat (KEES 1928) in der Stele des *Mnč.w-wśr* aus dem Jahr 17 Sesostris' I (RANSOM 1913, HAYES 1953, S. 298 f.) gegeben. Das läßt, je nachdem, wie man zur Frage der Koregenz zwischen Amenemhet I und Sesostris I steht[48], einen Spielraum von sieben oder siebzehn Jahren für die Entstehungszeit.

Ein Punkt bleibt noch zu erörtern. Wenngleich die Belehrungen scheinbar an den König gehen, ist ihr Publikum doch ein anderes. Als Leser, auf deren Beeinflussung man es abgesehen hat, läßt sich die Beamtenschaft erkennen, zumal die höhere, die im direktem Kontakt zum König stand, und in der man auch am ehesten Interesse an einem qualitätvollen literarischen Werk erwarten kann. Ferner legt der Bezug auf die Herakleopolitenzeit es nahe, ein spezielles Ansprechen der unter- und mittelägyptischen Bereiche anzunehmen, wo man eine grundsätzliche Reserviertheit gegenüber dem Süden vermuten kann. Dieser Zielgruppe wird ein Herrscherbild vorgestellt, das sie akzeptieren und sogar begrüßen können, das Ideale der Beamtenschaft aufnimmt und den Beamten Förderung verspricht (BLUMENTHAL 1980, S. 36 f.). Damit können die Gruppen, die bisher abseits gestanden haben, als loyale Mitarbeiter des Staates gewonnen werden, zumal wenn sie in der Herrschaft Sesostris I eine tatsächliche Verwirklichung dieses Programms sehen. So können sie in ihm den nach ihrem Wunsche wiedergekommenen (Merikare E 142 f.) idealen Herrscher erblicken.

Gleichzeitig betreibt der Text auch Meinungsbildung, indem er neben dem Amtscharakter des Königtums seine göttliche Fundierung herausstellt.

Ferner geben die deutlich beschriebenen Maßnahmen gegen die Rebellen auch eine deutliche Warnung. Sofern ein Beamter, dessen Privilegien durch eine Rebellion bedroht sind, die Staatsmacht hinter sich weiß, so muß umgekehrt jeder, der selbst von schwankender Loyalität ist, harter Bestrafung gewiß sein. Der Sturz der Familie des Wesirs Antefiker (POSENER 1988, S. 76-77) zeigt deutlich, wie derartige Prinzipien in die Praxis umgsetzt werden konnten.

48 Kontrovers diskutiert zuletzt von FRANKE 1988b, S. 115 f. und HELCK 1989. Von den Argumenten für die Koregenz ist der angebliche Baubeginn der Pyramide Sesostris' I erst im 10. Jahr seiner Regierung zu streichen. Nach ARNOLD 1988, S. 17 würde das dahingehend interpretierte Grafitto, abgesehen vom Problem seiner Verifizierbarkeit, vielmehr auf einen Baubeginn um das Jahr 6 deuten.

## 7 Zusammenfassung

Die Lehre für Merikare enthält einige Passagen, in denen bisher keine sichere Übersetzung möglich ist. Dennoch lassen sich aus dem, was verständlich ist, die politischen Intentionen des Textes mit hinreichender Sicherheit erkennen.

Der königliche Vater wird als ein nach innen und außen erfolgreicher Politiker geschildert, der jedoch auch Fehler eingestehen muß. Demgegenüber wird für den Sohn das Idealbild eines an der *M3ᶜ.t* orientierten Königs gezeichnet.

Die weithin übliche, aber auch bisher nicht unumstrittene Datierung in die erste Zwischenzeit stößt auf Schwierigkeiten. Die historischen Angaben der Lehre passen nicht ohne große Probleme zu den durch nichtliterarische Quellen bekannten geschichtlichen Entwicklungen. Anhand der zeitgenössischen Angaben kann man die schrittweise Nordverlagerung der Grenze des thebanischen Herrschaftsgebietes verfolgen, die zur Reichseinigung in der frühen Zeit Mentuhoteps II führt. Mit dieser Entwicklung lassen sich die Ausführungen der Lehre über die Eroberung von Thinis durch die Herakleopoliten und ein gutes Verhältnis zwischen beiden Gebieten nur schwer vereinbaren.

Dagegen kann man die politischen Angaben in der Lehre für Merikare gut verstehen, sofern man von einer Entstehung des Werkes in der 12. Dynastie unter Sesostris I ausgeht. Die Selbstdatierung ist kein gewichtiges Hindernis, da sie sich als bewußter Rückgriff auf eine vergangene Epoche verstehen läßt und die Annahme einer Literaturblüte in der ersten Zwischenzeit generell zweifelhaft ist.

Taten und Königsbild von Vater und Sohn in der Lehre für Merikare lassen sich auf die Verhältnisse unter Amenemhet I und Sesostris I anwenden. Von den Taten des Vaters sind besonders die Vertreibung der Asiaten und das Eingeständnis schlechter Taten für die Datierung von Bedeutung.

Im Königsbild, das für den Sohn entworfen wird, gibt es neben vielen für das Alte Ägypten generell typischen Ideen auch einige zeitspezifische. Auffällig ist vor allem die besonders betonte Bekämpfung der Rebellen. Auch ihr Gegenstück, die Belohnung loyaler Anhänger, läßt sich nachweisen. Schließlich muß auch die Tatsache, daß das Königtum eine derart ausführliche Darlegung seiner Grundlagen für angebracht hält, als sehr bedeutsam angesehen werden.

Als Zielgruppe des Textes läßt sich die höhere Beamtenschaft ausmachen, vor allem in den ehemals herakleopolitanischen Gebieten. Diesen Lesern wird ein Königsbild geboten, das es ihnen ermöglicht, loyal im Staat mitzuarbeiten.

# 8 Literaturverzeichnis


ALLEN, J. P.

1984: The Inflection of the Verb in the Pyramid Texts. Bibliotheca Aegyptia 2, Malibu 1984.

ALLEN, T. G.

1921: The Story of an Egyptian Politican, AJSL 38, 1921, S. 55-63.

ALT, A.

1923: Zwei Vermutungen zur Geschichte des Sinuhe, ZÄS 58, 1923, S. 48-50.

1940/41: Ein ägyptisches Gegenstück zu Ex. 3,14, ZAW NF 17, 1940/41, S. 159-160.

ANTHES, R.

1930: Eine Polizeistreife des Mittleren Reiches in die westliche Oase, ZÄS 65, 1930, S. 108-114, T. VII.

ARNAUD, D.

1987: Recherches au pays d'Aštata. Emar VI/4. Textes de la Bibliothèque. Transcription et traduction, Paris 1987.

ARNOLD, D

1969: Zur frühen Namensform des Königs *Mnṯw-ḥtp Nb-ḥpt-R*$^{c}$, MDAIK 24, 1969, S. 38-42, T. 1.

1988: The Pyramid of Senwosret I, The Southern Cemeteries of Lisht, Volume I, The Metropolitan Museum of Arts, Egyptian Expedition, New York 1988.

ASSMANN, J.

1970: Der König als Sonnenpriester. Ein kosmographischer Begleittext zur kultischen Sonnenhymnik in thebanischen Tempeln und Gräbern, ADAIK 7, Glückstadt 1970.

1975: Zeit und Ewigkeit im Alten Äypten. Ein Beitrag zur Geschichte der Ewigkeit. AHAW, 1975, Abhandlung 1, Heidelberg 1975.

1977: Die Verborgenheit des Mythos in Ägypten, GM 25, 1977, S. 7-43.

1979: Weisheit, Loyalismus und Frömmigkeit, in: Studien zu Altägyptischen Lebenslehren, herausgegeben von E. Hornung und O. Keel, OBO 28, Freiburg (Schweiz), Göttingen 1979, S. 12-72.

1980: Die "Loyalistische Lehre" des Echnaton, SAK 8, 1980, S. 1-32.

1983a: Re und Amun. Die Krise des polytheistischen Weltbilds im Ägypten der 18.-20. Dynastie, OBO 51, Freiburg (Schweiz), Göttingen, 1983.

1983b: Königsdogma und Heilserwartung, Politische und kultische Chaosbeschreibungen in ägyptischen Texten, in: D. Hellholm (Ed.) Apocalypticism in the Mediterranean World and the Near East, Tübingen 1983, S. 345-377.

1984: Ägypten. Theologie und Frömmigkeit einer frühen Hochkultur, Stuttgart, Berlin, Köln, Mainz 1984.

BAINES, J./MALEK, J.

1980: Atlas of Ancient Egypt, Oxford 1980.

BARTA, W.

1970: Das Selbstzeugnis eines altägyptischen Künstlers (Stele Louvre C 14), MÄS 22, Berlin 1970.

1975-76: Die erste Zwischenzeit im Spiegel der Pessimistischen Literatur, JEOL 24, 1975-76, S. 50-62.

1981: Bemerkungen zur Chronologie der 6. bis 11. Dynastie, ZÄS 108, 1981, S. 23-33.

BARNS, J. W.

1955: Five Ramesseum Papyri, Oxford 1955.

VON BECKERATH, J.

1966: Die Dynastie der Herakleopoliten (9./10. Dynastie), ZÄS 93, 1966, S. 13-20.

BELLION, M.

1987: Egypte ancienne. Catalogue des manuscripts hiéroglyphiques et hiératiques et des dessins sur papyrus, publiés ou signalés, Paris 1987.

BERLEV, O. D.

1981a: The Eleventh Dynasty in the Dynastic History of Egypt, in: Studies presented to Hans Jakob Polotsky, East Gloucester, Massachusetts, 1981, S. 361-377.

1981b: Rezension zu: H. M. Steward, Egyptian Stelae, Reliefs and Paintings from the Petrie Collection, Pt. 2, BiOr 38, 1981, Sp. 317-320.

1987a: The Date of the "Eloquent Peasant", Fs Fecht, ÄUAT 12, Wiesbaden 1987, S. 78-83.

1987b: A Social Experiment in Nubia during the Years 9-17 of Sesostris I, in: M. A. Powell (Ed.), Labour in the Ancient Near East, AOS 68, New Haven, Connectitcut 1987, S. 143-157.

BIDOLI, D.

1976: Die Sprüche der Fangnetze in den Altägyptischen Sargtexten, ADAIK 9, Glückstadt 1976.

BIETAK, M.

1975: Tell el Dab$^{c}$a II. Der Fundort im Rahmen einer archäologisch-geographischen Untersuchung über das Ägyptische Ostdelta, ÖAW, Denkschriften der Gesamtakademie, Band IV, Wien 1975.

1983: Tell el Dab$^{c}$a, Öjh 54, 1983, Grab. 1982, S. 10-19.

1985a: Zu den Nubischen Bogenschützen aus Assiut. Ein Beitrag zur Geschichte der Ersten Zwischenzeit, in: Melanges Gamal Eddin Mokhtar, BdE 97/1, Kairo 1985, S. 87-97.

1985b: Ägypten: Tell el-Dab$^{c}$a, AfO 32, 1985, S. 130-135.

BJÖRKMAN, G.

1964: Egyptology and Historical Method, OrSu 13, 1964, S. 9-33.

1971: Kings at Karnak. A Study of the Treatment of the Monuments of Royal Predecessors in the Early New Kingdom, Uppsala 1971.

BLACKMAN, A. M.

1925: Philological Notes, JEA 11, 1925, S. 210-215.

BLUMENTHAL, E.

1970: Untersuchungen zum Äyptischen Königtum des Mittleren Reiches I. Die Phraseologie, ASAW 61, Band 1, Berlin 1970.

1974: Eine neue Handschrift der "Lehre eines Mannes an seinen Sohn" (P. Berlin 14 374), Fs Mus. Berlin, Berlin 1974, S. 55-66.

1980: Die Lehre für König Merikare, ZÄS 107, 1980, S. 5-41.

1982: Die Prophezeihung des Neferti, ZÄS 109, 1982, S. 1-27.

1984: Die Lehre des Königs Amenemhet (Teil I), ZÄS 111, 1984, S. 85-107.

1985: Die Lehre des Königs Amenemhet (Teil II), ZÄS 112, 1985, S. 104-115.

1987a: Die "Gottesväter" des Alten und Mittleren Reiches, ZÄS 114, 1987, S. 10-35.

1987b: Ptahhotep und der Stab des Alters, Fs Fecht, ÄUAT 12, Wiesbaden 1987, S. 84-97.

VAN DEN BOORN, G. P. F.

1988: The Duties of the Vizier. Civil Administration in the New Kingdom. Studies in Egyptology, London, New York 1988.

BORCHARD, L.

1933: Allerhand Kleinigkeiten, Leipzig 1933.

BORGHOUTS, J. F.

1978: Ancient Egyptian Magical Texts, NISABA 9, Leiden 1978.

BROVARSKI, E.

1981: Ahanakht of Bersheh and the Hare Nome in the First Intermediate Period and Middle Kingdom, Fs Dunham, Boston 1981, S. 14-30.

1985: The Inscribed Material of the First Intermediate Period from Naga-ed-Deir, AJA 89, 1985, S. 581-584.

BRUNNER, H.

1937: Die Texte aus den Gräbern der Herakleopolitenzeit von Siut. Mit Übersetzung und Erläuterung, ÄF 5, Glückstadt, Hamburg, New York 1937.

1955: Die Lehre vom Königserbe im frühen Mittleren Reich, Fs Grapow, Berlin 1955, S. 4-11.

1969: Rezension zu SEIBERT 1967, BiOr 26, 1969, S. 69-72.

1978: Zur Datierung der "Lehre eines Mannes für seinen Sohn", JEA 64, 1978, S. 142-143.

1986: Die Geburt des Gottkönigs. Studien zur Überlieferung eines Altägyptischen Mythos, ÄA 10, 2. ergänzte Auflage, Wiesbaden 1986.

1988: Altägyptische Weisheit. Lehren für das Leben, Zürich, München 1988.

DE BUCK, A.

1938: The Building Inscription of the Berlin Leather Roll, in: Studia Aegyptiaca I, AnOr 17, Rom 1938, S. 48-57.

BURKARD, G.

1977: Textkritische Untersuchungen zu Ägyptischen Weisheitslehren des Alten und Mittleren Reiches, ÄA 34, Wiesbaden 1977.

CAMINOS, R. A.

1956: Literary Fragments in the Hieratic Script, Oxford 1956.

1958: The Chronicle of Prince Osorkon, AnOr 37, Rom 1958.

1977: A Tale of Woe. From a Hieratic Papyrus in the A. S. Pushkin Museum of Fine Arts in Moscow, Oxford 1977.

1986: Some Comments on the Reuse of Papyrus, in: Papyrus: Structure and Usage, BM Occasional Paper No. 60, ed. M. L. Bierbier, Department of Antiquities 1986, S. 43-61.

ČERNÝ, J.

1961: The Stela of Merer in Cracow, JEA 47, 1961, S. 5-9.

1978: Papyrus hiératiques de Deir el Medineh. Tome I. N° I-XVII. Catalogue complété et edité par George Posener DFIFAO VIII, Kairo 1978.

ČERNÝ, J./GARDINER, A. H.

1957: Hieratic Ostraca, Volume I, Oxford 1957.

CHAPPAZ, J. L.

1982: Un nouvel ostracon de l'Enseignement Loyaliste, BSEG 7, 1982, S. 3-10.

CHASSINAT, E./PALANQUE, L.

1911: Une campagne de fouilles dans la nécropole d'Assiout, MIFAO 24, Kairo 1911.

CLERE, J. J./VANDIER, J.

1948: Textes de la première période intermédiaire et de la XIème dynastie, 1er fascicule, BiAe X, Brussel 1948.

CRUZ-URIBE, E.

1987: The Fall of the Middle Kingdom, VA 3, 1987, S. 107-111.

DEPUYD, L.

1989: The Contingent Tenses of Egyptian, Or 58, 1989, S. 1-27.

DERCHAIN, P.

1989: Éloquence et politique. L'opinion d'Akhtoy, RdE 40, 1989, S. 37-47.

DEVAUD, E.

1923: Etudes d'etymologie copte, Fribourg 1923.

DONADONI, S.

1968: À propos de l'histoire du texte de "Merikare", Proceedings of the XXVIth International Congress of Orientalists, Vol II, New Delhi 1968, S. 8-11.

DORET, E.

1986: The Narrative Verbal System of Old and Middle Egyptian, Cahiers d'Orientalisme XII, Genf 1986.

DRIOTON, E.

1922: Contribution à l'etude du chapitre CXXV du livre des morts. Les confessions négatives, Fs Champollion, Paris 1922, S. 545-564.

EATON-KRAUSS, M.

1988: Rezension zu JAROŠ-DECKERT 1984, JEA 74, 1988, S. 269-273.

EDEL, E.

1955/64: Altägyptische Grammatik, AnOr 34/39, Rom 1955/64.

1959a: Die Herkunft des neuägyptisch-koptischen Personalsuffixes der 3. Person Plural *-w*, ZÄS 84, 1959, S. 17-38.

1959b: Beiträge zur ägyptischen Grammatik, ZÄS 84, 1959, S. 105-113.

1971: Beiträge zu den Inschriften des Mittleren Reiches in den Gräbern der Qubbet el Hawa, MÄS 25, Berlin 1971.

1976: Die afrikanischen Namen in der Völkerliste Ramses' II, SAK 1, 1976, S. 75-101.

1980: Die alten Belege für den Titel *ḥ3ti-pᶜ.t* und sein Weiterleben bis in die römische Zeit hinein, Serapis 6, 1980, S. 41-46.

1984a: Die Inschriften der Grabfronten der Siutgräber in Mittelägypten aus der Herakleopolitenzeit. Eine Wiederherstellung nach den Zeichnungen der Descripton de l'Egypte, ARWAW Band 71, Opladen 1984.

1984b: Neue Belege für die aktivische *sḏmw.f*-Form, Fs Westendorf, Göttingen 1984 S. 25-31.

1990: Der Kanal der beiden Fische, Discussions in Egyptology 16, 1990, S. 31-33.

EDWARDS, I. E. S.

1960: Hieratic Papyri in the British Museum. Fourth Series. Oracular Amuletic Decrees of the Late New Kingdom, London 1960.

EL ADLY, S.

1984: Die Berliner Lederhandschrift (P. Berlin 3029), WdO 14, 1984, S. 6-18.

ERMAN, A.

1901: Der Name Antef, ZÄS 39, 1901, S. 147.

1923: Die Literatur der Aegypter, Leipzig 1923.

EYRE, C.

1990: The Semna Stele: Quotation, Genre and Functions of Literature, in: Studies in Egyptology presented to Miriam Lichtheim, Jerusalem 1990, S. 134-165.

FAULKNER, R. O.

1955: The Installation of the Vizier, JEA 41, 1955, S. 18-29.

1962: A Concise Dictionary of Middle Egyptian, Oxford 1962.

1972: The Teaching for Merikare, in: W. K. Simpson, The Literature of Ancient Egypt, New Haven, London 1972, S. 180-192.

FECHT, G.

1958: Der Habgierige und die Maat in der Lehre des Ptaḥhotep (5. und 19. Maxime), ADAIK 1, Glückstadt, Hamburg, New York 1958.

1960: Wortakzent und Silbenstruktur. Untersuchungen zur Geschichte der ägyptischen Sprache, ÄF 21, Glückstadt, Hamburg, New York 1960.

1972: Der Vorwurf an Gott in den "Mahnworten des Ipuwer" (Pap. Leiden I 344 recto, 11,11-13,8; 15,13-17,3). Zur geistigen Krise der ersten Zwischenzeit und ihrer Bewältigung, AHAW 1972, 1. Abhandlung, Heidelberg 1972.

1986: Cruces Interpretum in der Lehre des Ptahhotep (Maximen 7, 9, 13, 14) und das Alter der Lehre, Hommages à François Daumas, Montpellier 1986, S. 227-251.

1991: Die Belehrung des Ba und der "Lebensmüde", MDAIK 47, 1991, S. 113-126.

FEDERN, W.

1960: The "Transformations" in the Coffin Texts. A New Approach, JNES 19, 1960, S. 241-257.

FISCHER, H. G.

1959: An Example of Memphite Influence in a Theban Stela of the Eleventh Dynasty, Artibus Asiae 22, 1959, S. 240-252.

1960: The Inscription of *In-it.f*, Born of *Ṯfi*, JNES 19, 1960, S. 258-268.

1961a: Land Records on Stelae of the Twelfth Dynastie, RdE 13, 1961, S. 107-109.

1961b: The Nubian Mercenaries of Gebelein during the First Intermediate Period, Kush 9, 1961, S. 44-80.

1962: Further Remarks on the Gebelein Stelae, Kush 10, 1962, S. 333-334.

1964: Inscriptions from the Coptite Nome. Dynasties VI–XI, AnOr 40, Rom 1964.

1966: Rezension zu SCHENKEL 1962, BiOr 23, 1966, S. 28-31.

1968: Dendera in the Third Millenium B. C. down to the Theban Domination of Upper Egypt, Locust Valley, New York 1968.

1972: *sḫ3 śn* (Florence 1774), RdE 24, 1972, S. 64-71.

1976: Some Early Monuments from Busiris in the Egyptian Delta, MMJ 11, 1976, S. 5-24.

FISCHER-ELFERT, H.-W.

1988: Zum bisherigen Textbestand der "Lehre eines Mannes an seinen Sohn". Eine Zwischenbilanz, OA 27, 1988, S. 173-209.

FOSTER, J. L.

1981: The Conclusion to the Testament of Ammenemes, King of Egypt, JEA 67, 1981, S. 36-47.

1986: Texts of the Egyptian Composition "The Instruction of a Man for his Son" in the Oriental Institute Museum, JNES 45, 1986, S. 197-211.

FOX, M. V.

1977: A Study of Antef, Or 46, 1977, S. 393-423.

1985: The Song of the Songs and the Ancient Egyptian Love Songs, Madison, London 1985.

FRANKE, D.

1983: Altägyptische Verwandschaftsbezeichnungen im Mittleren Reich, HÄS 3, Hamburg 1983.

1987: Zwischen Herakleopolis und Theben. Neues zu den Gräbern von Assiut, SAK 14, 1987, S. 49-60.

1988a: Rezension zu W. K. Simpson, Papyrus Reisner IV, BiOr 45, 1988, Sp. 98-102.

1988b: Zur Chronologie des Mittleren Reiches (12.-18. Dynastie). Teil 1: Die 12. Dynastie, Or 57, 1988, S. 113-138.

FREED, R. E.

1981: A Private Stela from Naga ed-Der and Relief Style of the Reign of Amenemhet I, Fs Dunham, Boston 1981, S. 68-76.

GAAL, E.

1984: Ein neues Ostrakon zur "Lehre eines Mannes für seinen Sohn", MDAIK 40, 1984, S. 13-26, T. 1-5.

GABRA, G.

1976: Preliminary Report on the Stela of *Ḥtpi* from Elkab from the Time of Wahankh Inyotef II, MDAIK 32, 1976, S. 45-56.

GARDINER, A. H.

1908: Inscriptions from the Tomb of Si-renpowet I, Prince of Elephantine, ZÄS 45, 1908, S. 123-140, T. VI-VIII.

1909: The Admonitions of an Egyptian Sage from a Hieratic Papyrus in Leiden (Pap. Leiden 344 Recto), Leipzig 1909.

1914: New Literary Works from Ancient Egypt, JEA 1, 1914, S. 20-36, 100-106.

1916: Notes on the Story of Sinuhe, Paris 1916.

1917: The Tomb of a much Travelled Theban Official, JEA 4, 1917, S. 28-38, Pl. VI-IX.

1923: The Eloquent Peasant, JEA 9, 1923, S. 5-25.

1930: A New Letter to the Dead, JEA 16, 1930, S. 19-22, Pl. X.

1935: Hieratic Papyri in the British Museum. Third Series. Chester Beatty Gift, London 1935.

1946: Davies' Copy of the Great Speos Artemidos Inscription, JEA 32, 1946, S. 43-56, Pl. VI.

1947: Ancient Egyptian Onomastica, Oxford 1947.

1951: A Grim Metaphor, JEA 37, 1951, S. 29-31.

1957: Egyptian Grammar. Third Edition, London 1957.

1959: The Royal Canon of Turin, Oxford 1959.

GERSTENBLITH, P.

1983: The Levant at the Beginning of the Middle Kingdom, ASOR Dissertation Series 5, Winona Lake 1983.

GESTERMANN, L.

1984: Hathor, Harsomtus und *Mnṯw-Ḥtp* II, Fs Westendorf, Göttingen 1984, S. 763-776.

1987: Kontinuität und Wandel in Politik und Verwaltung des frühen Mittleren Reiches in Ägypten, GOF IV, 18, Wiesbaden 1987.

GEYH, M. A./ MUNRO, P./ GERMER, R.

1989: Zur absoluten Chronologie des Alten Reiches und der 1. Zwischenzeit nach konventionellen $^{14}$C-Daten, SAK 16, 1989, S. 65-81.

GILULA, M.

1968a: An Adjectival Predicative Expression of Possession in Middle Egyptian, RdE 20, 1968, S. 55-6.

1968b: Enklitische Partikel im klassischen Ägyptisch, Diss. Jerusalem 1968 (hebr.).

GIVEON, R.

1981: Some Egyptological Considerations Concerning Ugarit, in: G. D. Young (Ed.), Ugarit in Retrospect. Fifty Years of Ugarit and Ugaritic, Winona Lake 1981, S. 55-58.

GLANVILLE, S. R. K.

1931: Records of a Royal Dockyard of the Time of Thutmosis III. Papyrus British Museum 10 056. Part I, ZÄS 66, 1931, S. 105-121, 1*-8*.

1932: Records of a Royal Dockyard of the Time of Thutmosis III: Papyrus British Museum 10 056. Part II (Commentary), ZÄS 68, 1932, S. 7-41.

GOEDICKE, H.

1960: The Inscription of *Ḏmi*, JNES 19, 1960, S. 288-291.

1967: Königliche Dokumente aus dem Alten Reich, ÄA 14, Wiesbaden 1967.

1969: Probleme der Herakleopolitenzeit, MDAIK 24, 1969, S. 136-143.

1970: The Report about the Dispute of a Man with his BA. Papyrus Berlin 3024, Johns Hopkins Near Eastern Studies, Baltimore, London 1970.

1971: Re-used Blocks from the Pyramid of Amenemhet I at Lisht, Publications of the Metropolitan Museum of Art, Egyptian Expedition, Volume XX, New York 1971.

1974: The Berlin Leather Roll (P. Berlin 3029), Fs Mus. Berlin, Berlin 1974, S. 87-104.

1977a: The Protocol of Neferyt (The Prophecy of Neferty), Johns Hopkins Near Eastern Studies, Baltimore 1977.

1977b: The Date of the "Antef-Song", Gs Otto, Wiesbaden 1977, S. 185-196.

1982: The Unification of Egypt under Mentuhotep Neb-Ḥepet-Re$^{c}$ (2022 B.C.), SSEA(J) 12, 1982, S. 157-164.

1988: Studies in "The Instruction of King Amenemhet I for his Son", VA Supplement 2, San Antonio 1988.

1990a: Two Mining Records from the Wadi Hammamat, RdE 41, 1990, S. 65-93.

1990b: About an Early Use of the Emphatic Possessive Expression, VA 6, 1990, S. 139-153.

GOLENISCHEFF, W.

1913: Les papyrus hiératiques N$^{o}$ 1115, 1116 A et 1116 B de l'Eremitage impériale à St. Pétersbourg, Kairo 1913.

1927: Papyrus hiératiques. Catalogue général des antiquités égyptiennes du Musée du Caire. N$^{os}$ 58 001- 58 036, Kairo 1927.

GOMAA, F.

1980: Ägypten während der Ersten Zwischenzeit, TAVO Beiheft B 27, Wiesbaden 1980.

1986: Die Besiedlung Ägyptens während des Mittleren Reiches I. Oberägypten und das Fayum, TAVO Beiheft B 66/1, Wiesbaden 1986.

1987: Die Besiedlung Ägyptens während des Mittleren Reiches II. Unterägypten und die angrenzenden Gebiete, TAVO Beiheft B 66/2, Wiesbaden 1987.

GOYON, J. C.

1974: Confirmation du pouvoir royal au nouvel an (Brooklyn 47.218.50), Wilbour Monographs VII, New York 1974.

GRAPOW, H.

1953: Der Liederkranz zu Ehren König Sesostris des Dritten aus Kahun, MIO 1, 1953, S. 189-209.

1954: Anatomie und Physiologie, GMT 1, Berlin 1954.

GRIFFITH, F. LL.

1889: The Inscriptions of Siûṭ and Dêr Rifeh, London 1889.

1896: Stela of Mentuhetep Son of Hepy, PSBA 18, 1896, S. 195-204.

1898: Hieratic Papyri from Kahun and Gurob (Principally of the Middle Kingdom), London 1898.

GRIFFTH, F. LL./NEWBERRY, P. E.

1895: El Bersheh II, ASE 6, London 1895.

GRIMAL, N. C.

1981: La stèle triomphale de Pi(ᶜAnkh)y au Musée du Caire JE 48 862 et 47 086-47 089, MIFAO 105, Kairo 1981.

GRIMM, A.

1989: Der Tod im Wasser, SAK 16, 1989, S. 111-119.

GUILHOU, N.

1989: La viellesse des dieux, Montpellier 1989.

GUNN, B.

1924: Studies in Egyptian Syntax, Paris 1924.

1926: Some Middle-Egyptian Proverbs, JEA 12, 1926, S. 282-284.

HABACHI, L.

1957: Tell Basta, SASAE 22, Kairo 1957.

1963: King Nebhepetre Mentuhotp: His monuments, Place in History, Deification and Unusual Representations in the Form of Gods, MDAIK 19, 1963, S. 16-52.

1975: Building Activities of Sesostris I in the Area from the South of Thebes, MDAIK 31, 1975, S. 27-37.

1985: Elephantine IV. The Sanctuary of Heqaib, AV 33, Mainz 1985.

HANNIG, R.

1990: Die Schwangerschaft der Isis, Fs von Beckerath, HÄB 30, Hildesheim 1990, S. 91-95.

HASSAN, S.

1953: Excavations at Giza VII, 1935-36, Kairo 1953.

HAYES, W. C.

1953: The Scepter of Egypt. Part I, New York 1953.

1955: A Papyrus of the Late Middle Kingdom in the Brooklyn Museum (Papyrus Brooklyn 35.1446), New York 1955.

1971: The Middle Kingdom in Egypt, CAH, Third Edition, Volume 1, Part 2, Chapter XX, S. 464-531.

HELCK, W.

1955: Zur Reichseinigung der 11. Dynastie, ZÄS 80, 1955, S. 75-76.

1969: Der Text der Lehre Amenemhets I für seinen Sohn. Kleine Ägyptische Texte, Wiesbaden 1969.

1970: Die Prophezeihung des *Nfr.tj*. Kleine ägyptische Texte, Wiesbaden 1970

1972: Zur Frage der Entstehung der ägyptischen Literatur, WZKM 63/64, 1972, S. 6-26.

1974: Rezension zu WARD 1971, ZDMG 124, 1974, S. 390-394.

1977: Die Lehre für König Merikare. Kleine ägyptische Texte, Wiesbaden 1977.

1978: Die Weihinschrift Sesostris' I am Satet-Tempel von Elephantine, MDAIK 34, 1978, S. 69-78.

1984: Die Lehre des Djedefhor und die Lehre eines Mannes an seinen Sohn. Kleine ägyptische Texte, Wiesbaden 1984.

1985: Politische Spannungen zu Beginn des Mittleren Reiches in Ägypten, in: Dauer und Wandel. Symposium anläßlich des 75-jährigen Bestehens des Deutschen Archäologischen Instituts Kairo am 10. und 11 Oktober 1982, SDAIK 18, Mainz 1985, S. 45-52.

1986: Politische Gegensätze im alten Ägypten. Ein Versuch, HÄB 23, Hildesheim 1986.

1989: Nochmals zur angeblichen Mitregentschaft Sesostris' I mit seinem Vater Amenemhet I, Or 58, 1989, S. 315-317.

HODJASH, S./BERLEV, O.

1982: The Egyptian Reliefs and Stelae in the Pushkin Museum of Fine Arts Moscow, Leningrad 1982.

HOFFMEIER, J. K.

1983: Some Thoughts on Genesis 1&2 and Egyptian Cosmology, JANES 15, 1983, S. 39-49.

HORNUNG, E.

1963: Das Amduat. Die Schrift des verborgenen Raumes, Teil II: Übersetzung und Kommentar, ÄA 7, Wiesbaden 1963.

1976: Das Buch der Anbetung des Re im Westen (Sonnenlitanei). Teil II: Übersetzung und Kommentar, Aegyptiaca Helvetia 3, Genf 1976.

1982: Der Ägyptische Mythos von der Himmelskuh. Eine Ätiologie des Unvollkommenen. Unter Mitarbeit von Andreas Brodbeck, Hermann Schlögel und Elisabeth Staehelin und mit einem Beitrag von Gerhard Fecht, OBO 46, Freiburg (Schweiz), Göttingen 1982.

HUGHES, G. R.

1982: The Blunders of an Inept Scribe (Demotic Papyrus Louvre 2414), in: Studies in Philology in Honour of Ronald James Williams, A Festschrift, Toronto 1982, S. 51-67.

JANSEN-WINKELN, K.

1985: Ägyptische Biographien der 22. und 23. Dynastie, ÄUAT 8, Wiesbaden 1985.

1988: Bemerkungen zur Stele des Merer in Krakau, JEA 74, 1988, S. 204-207.

JANSSEN, J.

1946: De traditionelle Egyptische Autobiographie voor het Neuwe Rijk, Leiden 1946.

JAROŠ-DECKERT, B.

1984: Das Grab des *Inj-jtj-f*. Die Wandmalereien der XI. Dynastie. Nach Vorarbeiten von Dieter Arnold und Jürgen Settgast, AV 12, Mainz 1984.

JUNGE, F.

1973/74: Rezension zu FECHT 1972, WdO 7, 1973/74, S. 267-273.

JUNKER, H.

1925: Rezension zu P. A. Boeser, Transkription und Übersetzung des Papyrus Insinger, OLZ 28, 1925, Sp. 371-375.

KAISER, W. u. a.

1975: Stadt und Tempel von Elephantine. Fünfter Grabungsbericht, MDAIK 31, 1975, S. 39-84, T. 15-28.

KAMMERZELL, F.

1986: Die Prophezeihung des Neferti, TUAT II, 1, Gütersloh 1986, S. 102-110.

KANAWATI, N.

1980: Governmental Reforms in Old Kingdom Egypt, Warminster 1980.

KAPLONY, P.

1968: Eine neue Weisheitslehre aus dem Alten Reich (Die Lehre des *Mṯtj* in der altägyptischen Weisheitsliteratur), Or 37, 1968, S. 1-62.

KEEL, O.

1989: Zur Identifizierung des Falkenköpfigen auf den Skarabäen der ausgehenden 13. und der 15. Dynastie, in: O. Keel, H. Keel-Leu, S. Schroer, Studien zu den Stempelsiegeln aus Palästina/Israel, Band II, OBO 88, Freiburg (Schweiz), Göttingen 1989, S. 243-277.

1990: La glyptique de Tell Keisan, in: O. Keel, M. Shuval, C. Uehlinger, Studien zu den Stempelsiegeln aus Palästina/Israel Band III. Die frühe Eisenzeit. Ein Workshop, OBO 100, Freiburg (Schweiz), Göttingen 1990, S. 163-260, 298-321.

KEES, H.

1928: Textkritische Kleinigkeiten, ZÄS 63, 1928, S. 75-78.

1929: Noch einmal *ḥwi śḏb* cc. r., ZÄS 64, 1929, S. 136-137.

1958: Die weiße Kapelle Sesostris' I in Karnak und das Sedfest, MDAIK 16, 1958, S. 194-213.

KLASENS, A.

1952: A Magical Statue Base (Socle Behague) in the Museum of Antiquities at Leiden, OMRO 33, Leiden 1952.

KOENIG, Y.

1989: Nouvelles Textes Rifaud II (Document E), CRIPL 11, 1989, S. 53-58.

KÜCHLER, M.

1979: Frühjüdische Weisheitstradition. Zum Fortgang weisheitlichen Denkens im Bereich des frühjüdischen Jahweglaubens, OBO 21, Freiburg (Schweiz), Göttingen 1979.

KUENZ, C.

1932: Deux versions d'un panégyrique royal, in: Fs Griffith, London 1932, S. 97-110.

LACAU, P./CHEVRIER, H.

1956/64: Une Chapelle de Sesostris Ier à Karnak, Kairo 1956/64.

LANGE, H. O.

1925: Das Weisheitsbuch des Amenemope aus dem Papyrus 10.474 des British Museum, Det Kgl. Danske Videnskabernes Selskab, Historisk-filologiske Meddeleser XI, 2, Kopenhagen 1925.

LEAHY, A.

1984: Death by Fire in Ancient Egypt, JESHO 27, 1984, S. 199-206.

LICHTHEIM, M.

1945: The Song of the Harpers, JNES 4, 1945, S. 178-212.

1973: Ancient Egyptian Literature. A Book of Readings. Volume 1: The Old and Middle Kingdoms, Berkley, Los Angeles 1973.

1983: Late Egyptian Wisdom Literature in the International Context. A Study of Demotic Instructions, OBO 52, Freiburg (Schweiz), Göttingen 1983.

1988: Ancient Egyptian Autobiographies chiefly of the Middle Kingdom. A Study and an Anthology, OBO 84, Freiburg (Schweiz), 1988.

LOPEZ, J.

1973: L'auteur de l'enseignement pour Merikare, RdE 25, 1973, S. 178-191.

1984: Ostraca Ieratici N. 57 450-57 568, Tabelle Lignee N. 58 001-58 007, CGT, Seria Seconda-Collezioni, Volume III, Fascicolo 4, Mailand 1984.

LOPRIENO, A.

1988: Topos und Mimesis. Zum Ausländer in der Ägyptischen Literatur, ÄA 48, Wiesbaden 1988.

LORETZ, O.

1964: Qohelet und der Alte Orient. Untersuchungen zu Stil und theologischer Thematik des Buches Qohelet, Freiburg, Basel, Wien 1964.

LORTON, D.

1968: The expression *šms-ib*, JARCE 7, 1968, S. 41-54.

1977: The Treatment of Criminals in Ancient Egypt. Through the New Kingdom, JESHO 20, 1977, S. 2-64.

1987: The Internal History of the Heracleopolitan Period, Discussions in Egyptology 8, 1987, S. 21-28.

LUFT, U.

1984: *dj.j rḫ.k*, Fs Westendorf, Göttingen 1984, S. 103-111.

MACADAM, M. F. L.

1949: The Temples of Kawa I. The Inscriptions, Oxford 1949.

MASSART, A.

1954: The Leiden Magical Papyrus 343+345, Leiden 1954.

MATTHIAE, G. S.

1984: La statuaria regale egiziana del medio regno in Siria: Motivi di una presenza, UF 16, 1984, S. 181-188.

MEEKS, D.

1974: Notes de lexicographie (§ 1), RdE 26, 1974, S. 52-65.

1981: Année lexicographique. Egypte Ancienne. Tome 2 (1978), Paris 1981.

1982: Année lexicographique. Egypte Ancienne. Tome 3 (1979), Paris 1982.

MONTET, P.

1930-35: Les tombeaux de Siout et de Deir Rife (suite), Kemi 3, 1930-35, S. 45-111.

1938: Rezension zu BRUNNER 1937, Kemi 7, 1938, S. 173-180.

MOSS, R. L. B.

1932: Two Middle-Kingdom Stelae in the Louvre Museum, Fs Griffith, London 1932, S. 310-311, Pl. 47-48.

MÜLLER, D.

1961: Der gute Hirte. Ein Beitrag zur Geschichte ägyptischer Bildrede, ZÄS 86, 1961, S. 126-144.

1967: Grabausstattung und Totengericht in der Lehre für König Merikare, ZÄS 94, 1967, S. 117-124.

MÜLLER, H. W.

1940: Die Felsengräber der Fürsten von Elephantine aus der Zeit des Mittleren Reiches, ÄF 9, Glückstadt, Hamburg, New York 1940.

MÜLLER, W. M.

1899: Die Liebespoesie der Alten Ägypter, Leipzig 1899.

MÜLLER-WOLLERMANN, R.

1985: Warenaustausch im Ägypten des Alten Reiches, JESHO 28, 1985, S. 121-168.

1987: *sw.tjw*-Bauern als Kolonisatoren, VA 3, 1987, S. 263-267.

1989: Rezension zu GESTERMANN 1987, Discussions in Egyptology 13, 1989, S. 109-114.

MUNRO, P.

1982: Der Unas-Friedhof Nord-West. 4. Vorbericht über die Arbeiten der Gruppe Berlin/Hannover in Saqqara, GM 59, 1982, S. 77-101.

1984: Der Unas-Friedhof. 6. Vorbericht über die Arbeiten der Gruppe Berlin/Hannover in Saqqara (Teil 1), GM 74, 1984, S. 59-90.

NEWBERRY, P. E.

1893: Beni Hassan. Part I, ASE 1, London 1893.

NOELDECKE. T.

1904: Beiträge zur semitischen Sprachwissenschaft, Straßburg 1904.

VON NORDHEIM, E.

1985: Die Lehre der Alten II. Das Testament als Literaturgattung im Alten Testament und im Alten Orient, Leiden 1985.

NOTH, M.

1928: Die israelischen Personennamen im Rahmen der gemeinsemitischen Namengebung, Stuttgart 1928.

OCKINGA, B.

1984: Die Gottebenbildlichkeit im Alten Ägypten und im Alten Testament, ÄUAT 7, Wiesbaden 1984.

ORBINK. H. W.

1925: De magische Beteekenis van den Naam inzonderheit in het oude Egypte, Amsterdam 1925.

OTTO, E.

1964-66: Geschichtsbild und Geschichtsschreibung in Ägypten, WdO 3, 1964-66, S. 161-176.

1977: Zur Komposition von Coffin Texts Spell 1130, Gs Otto, Wiesbaden 1977, S. 1-18.

PARANT, R.

1982: L'affaire Sinouhé. Tentative d'approche de la justice repressive égyptienne au début du II^e millénaire av. J. C., Aurillac 1982.

PECK, C. N.

1958: Some Decorated Tombs of the First Intermediate Period at Naga ed-Dêr, Diss. Brown University 1958.

PEET, T. E.

1930: The Great Tomb Robberies of the Twentieth Egyptian Dynasty, Oxford 1930.

PERRY, E.

1986: A Critical Study of the Eloquent Peasant, Dissertation Baltimore 1986.

PETRIE, W. M. F.

1906: Hyksos and Israelite Cities, BSAE 12, 1906.

1917: Scarabs and Cylinders with Names. Illustred by the Egyptian Collection in University College, London, BSAE 21, 1917.

PETRIE, W. M. F./BRUNTON, G.

1924: Sedment I-II, BSAE 34, 35, London 1924.

VAN DER PLAAS, D.

1986: L'hymne à la crue du Nil, Egyptologische Uitgaven IV, 1-2, Leiden 1986.

POLAČEK, A.

1969: Gesellschaftliche und juristische Aspekte in altägyptischen Weisheitslehren, Aegyptus 49, 1969, S. 14-34.

POLOTSKY, H. J.

1929: Zu den Inschriften der 11. Dynastie, UGAÄ 11, Leipzig 1929.

1939: Rezension zu BRUNNER 1937, OLZ 42, 1939, Sp. 155-160.

1957: The "Emphatic" *sḏm.n.f*-Form, RdE 11, 1957, S. 109-117.

POSENER, G.

1946: Les criminels débabtisés et les morts sans nom, RdE 5, 1946, S. 51-56.

1950a: Trois passages de l'enseignement à Mérikare, RdE 7, 1950, S. 176-180.

1950b: Section finale d'une sagesse inconnue (Recherches littéraires II), RdE 7, 1950, S. 71-84.

1951: Les richesses inconnues de la littérature égyptienne (Recherches littéraires I), RdE 6, 1951, S. 27-48.

1956: Littérature et politique dans l'Egypte de XII^e dynastie, Paris 1956.

1957: Le conte de Néferkare et du general Sisénè (Recherches litteraires VI), RdE 11, 1957, S. 119-137.

1958: Les empreintes magiques de Gizeh et les morts dangereux, MDAIK 16, 1958, S. 252-270.

1962: Philogie et archéologie égyptiennes, Annuaire du Collège de France 62, 1962, S. 287-295.

1963a: Philologie et archéologie égyptiennes, Annuaire du Collège de France 63, 1963, S. 299-305.

1963b: Amenemope 21, 13 et *bj3j.t* au sens d'"oracle", ZÄS 90, 1963, S. 98-102.

1964: Philologie et archéologie égyptiennes, Annuaire du Collège de France 64, 1964, S. 301-307.

1965: Philologie et archéologie égyptiennes, Annuaire du Collège de France 65, 1965, S. 339-346.

1966a: Philologie et archéologie égyptiennes, Annuaire du Collège de France 66, 1966, S. 339-346.

1966b: Quatre tablettes scolaires de basse époque (Aménémopé et Hardjédef), RdE 18, 1966, S. 45-65.

1970: Sur L'emploi euphémique de *ḫftj(w)* "ennemi(s)", ZÄS 96, 1970, S. 30-35.

1973: Le chapitre IV d'Aménémopé, ZÄS 99, 1973, S. 129-135.

1976: L'enseignement loyaliste. Sagesse égyptienne du Moyen Empire, Genf 1976.

1977-80: Catalogue des ostraca hiératiques littéraires de Deir el Médineh, Tome III, DFIFAO XX, Kairo 1977-1980.

1985a: Pour la reconstruction de l'enseignement d'un homme à son fils, RdE 36, 1985, S. 115-119.

1985b: Le Papyrus Vandier, Kairo 1985.

1987a: Cinq figurines d'envoûtement, BdE 101, Kairo 1987.

1987b: L'enseignement d'un homme à son fils. Cinq nouveaux ostraca, Fs Fecht, ÄUAT 12, Wiesbaden 1987, S. 361-367.

1988: Le vizier Antefoqer, in: Pyramid Studies and other Essays presented to I. E. S. Edwards, London 1988, S. 73-77.

POSENER-KRIÉGER, P.

1976: Les Archives du Temple funeraire de Néferirkare-Kakai (Les Papyrus d'Abusir). Traduction et Commentaire, BdE 65, Kairo 1976.

QUACK, J. F.

1989: Sur l'emploi euphémique de *ḫft* "ennemi" en Démotique, RdE 40, 1989, S. 197-198.

1990: Zwei Ostraka-Identifizierungen, GM 115, 1990, S. 83-84.

QUIRKE, S.

1990: The Administration of Egypt in the Late New Kingdom. The Hieratic Documents, New Malden 1990.

RANKE, H.

1952: Die ägyptischen Personennamen. Band II, Glückstadt, Hamburg, Locust Valley, New York 1952.

RANSOM, C. L.

1913: The Stela of Menthu-weser, New York 1913.

REDFORD, D. B.

1965: The Coregency of Tuthmosis III and Amenophis II, JEA 51, 1965, S. 107-122.

1981: A Royal Speech from the Blocks of the 10th Pylon, BES 3, 1981, S. 87-102.

1986: Pharaonic King-Lists, Annals and Day-Books. A Contribution to the Study of the Egyptian Sense of History, Mississauga 1986.

1990: The Sea and the Goddes, in: Studies in Egyptology presented to Miriam Lichtheim, Jerusalem 1990, S. 824-835.

RITNER, R. K.

1989: So-called "Pre-dynastic Hamsterheaded" Figurines in London and Hannover, GM 111, 1989, S. 85-95.

ROCCATI, A.

1986: Rezension zu HELCK 1984, BiOr 43, 1986, S. 398-399.

RÖMHELD, K. F. D.

1989a: Wege der Weisheit: Die Lehren Amenemopes und Proverbien 22,17-24,22, BZAW 184, Berlin, New York 1989.

1989b: Die Weisheitslehre im Alten Orient. Elemente einer Formgeschichte, BN Beiheift 4, München 1989.

ROWE, A.

1939: Three New Stelae from the South-Eastern Desert, ASAE 39, 1939, S. 187-194, Pl. XXV-XXVI.

SADEK, A. I.

1980: The Amethyst Mining Inscriptions of Wadi El-Hudi. Part I: Texts, Warminster 1980.

SAUNERON, S.

1950: Le titre de l'enseignement de Kheti sur une tablette du Louvre, RdE 7, 1950, S. 186-188.

1970: Le papyrus magique illustré de Brooklyn (Brooklyn Museum 47.218.156), Wilbour Monographs III, New York 1970.

SCHAEFER, A.

1986: Zur Entstehung der Mitregentschaft als Legitimationsprinzip von Herrschaft, ZÄS 113, 1986, S. 45-55.

SCHARFF, A.

1936: Der historische Abschnitt der Lehre für König Merikare. SBAW 1936, Heft 8, München 1936.

SCHENKEL, W.

1962: Frühmittelägyptische Studien, Bonn 1962.

1964: Eine neue Weisheitslehre?, JEA 50, 1964, S. 6-12.

1965: Memphis-Herakleopolis-Theben. Die epigraphischen Zeugnisse der 7.-11. Dynastie Ägyptens, ÄA 12, Wiesbaden 1965.

1973: Zur Datierung der "herakleopolitanischen" Keramik aus Sedment, GM 8, 1973, S. 33-39.

1975a: Repèrs chronologiques de l'histoire redactionelle des Coffin Texts, in: Göttinger Totenbuchstudien. Beiträge zum 17. Kapitel, herausgegeben von Wolfhard Westendorf, GOF IV, 3, Wiesbaden 1975, S. 27-36.

1975b: Die Bauinschrift Sesostris' I im Satet-Tempel von Elephantine, MDAIK 31, 1975, S. 109-125.

1976: Bemerkungen zu den wichtigsten Inschriften der 11. Dynastie aus dem Königsfriedhof von El-Ṭârif, in: D. Arnold, Gräber des Alten und Mittleren Reiches in El-Tarif, AV 17, Mainz 1976, S. 50-59.

1978: Die Bewässerungsrevolution im Alten Ägypten, SDAIK, Mainz 1978.

1984: Sonst-Jetzt. Variationen eines literarischen Formelements, WdO 15, 1984, S. 51-61.

SCHLOTT-SCHWAB, A.

1981: Die Ausmasse Ägyptens nach altägyptischen Texten, ÄUAT 3, Wiesbaden 1981.

SCHOTT, S.

1957: Die Reinigung Pharaos in einem memphitischen Tempel (Berlin P. 13 242), NAWG 1957, Nr. 3, Göttingen 1957.

1990: Bücher und Bibliotheken im Alten Ägypten. Verzeichnis der Buch- und Spruchtitel und der Termini technici. Aus dem Nachlaß niedergeschrieben von Erika Schott mit einem Wortindex von Alfred Grimm, Wiesbaden 1990.

SCHULMAN, A. R.

1982: The Battle Scenes of the Middle Kingdom, SSEA(J) 12, 1982, S. 165-183.

SEIBERT, P.

1967: Die Charakteristik. Untersuchungen zu einer altägyptischen Sprechsitte und ihren Ausprägungen in Folklore und Literatur, ÄA 17, Wiesbaden 1967.

SEIDLMEYER, S. J.

1990: Gräberfelder aus dem Übergang vom Alten zum Mittleren Reich. Studien zur Archäologie der Ersten Zwischenzeit, SAGA 1, Heidelberg 1990.

VAN SETERS, J.

1964: A Date for the "Admonitions" in the Second Intermediate Period, JEA 50, 1964, S. 13-23.

SETHE, K.

1928: Dramatische Texte zu Altägyptischen Mysterienspielen, UGAÄ 10, Leipzig 1928.

o. J.: Übersetzung und Kommentar zu den Altägyptischen Pyramidentexten. Band III. Spruch 326-435, Glückstadt, Hamburg, New York o. J.

SEYFRIED, K.-J.

1984: Zur Inschrift des Hor (Wadi el Hudi Nr. 1 (143)), GM 81, 1984, S. 55-63.

SHEA, H. W.

1977: A Date for the recently Discovered Eastern Canal of Egypt, BASOR 225, 1977, S. 31-38.

SHISHA-HALEVY, A.

1980: *A propos* of a New Edition of the Instruction for King Merikarē^c^, Or 49, 1980, S. 195-198.

SILVERMAN, D. P.

1989: Textual Criticism in the Coffin Texts, in: W. K. Simpson (Editor), Religion and Philosophy in Ancient Egypt, YES 3, New Haven, Connecticut 1989, S. 29-53.

SILVERMANN, M. H.
1985: Religious Values in the Jewish Proper Names at Elephantine, AOAT 217, Neukirchen-Vlyn 1985.
SIMPSON, W. K.
1974: The Terrace of the Great God at Abydos. The Offering Chapels of Dynasties 12 and 13, New Haven, Philadelphia 1974.
1981a: The Memphite Epistolary Formula on a Jar Stand of the First Intermediate Period from Naga ed-Deir, Fs Dunham, Boston 1981, S. 173-179.
1981b: Textual Notes on the Elephantine Building Text of Sesostris I and the Zizinia Fragment from the Tomb of Ramose, GM 45, 1981, S. 69-70.
1991: The Political Background of the Eloquent Peasant, GM 120, 1991, S. 95-99.
SMITH, H. S.
1976: The Fortress of Buhen. The Inscriptions, EES 48, London 1976.
SPANEL, D.
1984: The Date of Anchtifi of Mo$^{c}$alla, GM 78, 1984, S. 87-90.
1985: Ancient Egyptian Boat Models of the Heracleopolitan Period and Eleventh Dynasty, SAK 12, 1985, S. 243-253, T. 20-24.
1989: The Heracleopolitan Tombs of Kheti I, *It(.i)jb(.i)* and Kheti II at Assyut, Or 58, 1989, S. 301-314, T. VI-XIII.
SPIEGEL, J.
1950: Soziale und weltanschauliche Reformbewegungen im alten Ägypten, Heidelberg 1950.
STADELMANN, R.
1987: Beiträge zur Geschichte des Alten Reiches. Die Länge der Regierung des Snofru, MDAIK 43, 1987, S. 229-240.
STOCK, H.
1949: Die erste Zwischenzeit Ägyptens, Studia Aegyptiaca II, AnOr 31, Rom 1949.
TIGAY, J. H.
1982: The Evolution of the Gilgamesh Epic, Philadelphia 1982.
TRIGGER, B. G./KEMP, B. J./O'CONNOR, D./LLOOYD, A.B.
1983: Ancient Egypt. A Social History, Cambridge, London, New York, New Rochelle, Melborne, Sydney 1983.

VANDIER, J.

1950: Mo<sup>c</sup>alla. La tombe d'Ankhtifi et la tombe de Sébekhotep, BdE 18, Kairo 1950.

1961: Le Papyrus Jumilhac, Paris 1961.

1964: Une inscription historique de la Première Periode Intermédiare, in: Studies in Egyptology and Linguistics in Honor of H. J. Polotsky, Jerusalem 1964, S. 9-16, Pl. I.

VARILLE, A.

1954: La stèle du mystique Béky (N° 156 du Musée de Turin), BIFAO 54, 1954, S. 129-135.

VERNUS, P.

1974: Sur une formule des documents juridiques de l'epoque rammeside, RdE 26, 1974, S. 121-123.

1983: Rezension zu GOMAA 1980, CdE 1983, S. 125-127.

1989: La stèle du pharaon *Mnṯw-ḥtpi* à Karnak: Un nouveau témoignage sur la situation politique et militaire au début de la D. P. I., RdE 40, 1989, S. 145-161, Pl. 6-7.

1990a: La date du *Paysan Eloquent*, in: Studies in Egyptology presented to Miriam Lichtheim, Jerusalem 1990, S. 1033-1047.

1990b: Entre néo-égyptien et démotique: La langue utilisée dans la traduction du rituel de repousser l'agressif (Étude sur la diglossie I), RdE 41, 1990, S. 153-208.

1990c: Future at Issue. Tense, Mood and Aspect in Middle Egyptian: Studies in Syntax and Semantics, YES 4, New Haven, Connecticut 1990.

VOGELSANG, F.

1913: Kommentar zu den Klagen des Bauern, UGAÄ 6, Leipzig 1913.

VOLTEN, A.

1942: Demotische Traumdeutung (Pap. Carlsberg XIII und XIV verso), AnAe III, Kopenhagen 1942.

1945: Zwei altägyptische politische Schriften. Die Lehre für König Merikare (Pap. Carlsberg VI) und die Lehre des Königs Amenemhet. AnAe IV, Kopenhagen 1945.

1962: Ägypter und Amazonen. Eine demotische Erzählung des Inaros-Petubastis-Kreises aus zwei Papyri der Österreichischen Nationalbibliothek (Pap. Dem. Vindob. 6165 und 6165 A), MPER NS 6, Wien 1962.

VYCICHL, W.

1973: Die ägyptische Bezeichnung für den "Kriegsgefangenen" [hieroglyphs], GM 2, 1973, S. 43-45.

WARD, W.

1969: The Nomarch Khnumḥotep at Pelusium, JEA 55, 1969, S. 215-216.

1971: Egypt and the East Mediterranean World 2200-1900 B. C. Studies in Egyptian Foreign Relations during the First Intermediate Period, Beirut 1971.

1984: Royal-Name Scarabs, in: O. Tufnell, Studies on Scarab-Seals II. Scarabs Seals and their Contribution to History in the Early Second Millenium B. C., Warminster 1984, S. 151-192.

WEIPPERT, H.

1988: Palästina in vorhellenistischer Zeit. Handbuch der Archäologie. Vorderasien II, Band I, München 1988.

WESTENDORF, W.

1953, Der Gebrauch des Passivs in der klassischen Literatur der Ägypter, VIO 18, Berlin 1953.

1954: Eine auf Maat anspielende Form des Osirisnamens, MIO 2, 1954, S. 165-182.

1962: Grammatik der Medizinischen Texte. Grundriß der Medizin der Alten Ägypter VIII, Berlin 1962.

WILLEMS, H. O.

1983/84: The Nomarchs of the Hare Nome and Early Middle Kingdom History, JEOL 28, 1983/84, S. 80-102.

1988: Chests of Life. A Study of the Typology and Conceptual Development of Middle Kingdom Standart Class Coffins, MVEOL 25, Leiden 1988.

1989: Rezension zu JAROŠ-DECKERT 1984, BiOr 46, 1989, Sp. 592-601.

1990: Crime, Cult and Capial Punishment, JEA 76, 1990, S. 27-54.

WILLIAMS, R. J.

1964: Literature as a Medium of Political Propaganda in Ancient Egypt, in: The Seed of Wisdom (Fs T. J. Meek), Toronto 1964, S. 14-30.

WILSON, J. A.

1950: The Instruction for King Meri-Ka-Re, ANET, Princeton 1950, S. 414-418.

WINLOCK, H. E.

1943: The Eleventh Egyptian Dynasty, JNES 2, 1943, S. 249-283.

1945: The Slain Soldiers of Neb-Ḥepet-Rē$^{c}$ Mentu-Ḥotpe. The Metropolitan Museum of Art, Egyptian Expedition, Volume XVI, New York 1945.

ZANDEE, J.

1947: De Hymnen aan Amon von Papyrus Leiden I 350, OMRO 28, Leiden 1947.

ZIBELIUS, K.

1978: Ägyptische Siedlungen nach Texten des Alten Reiches, TAVO Beiheft B 19, Wiesbaden 1978.

ZIBELIUS-CHEN, K.

1988: Die ägyptische Expansion nach Nubien. Eine Darlegung der Grundfaktoren, TAVO Beiheft B 78, Wiesbaden 1988.

1990: Politische Opposition im Alten Ägypten, SAK 17, 1990, S. 339-360.

ZIEGLER, C.

1990: Catalogue des stèles, peintures et reliefs égyptiens de l'Ancien Empire et de la Première Periode Intermédiaire, Paris 1990.

# Anhang

## Hieroglyphische Transkription der Lehre für Merikare

Merikare E 1 – 12

Die Lehre für Merikare

Reste der ersten Kolumne

M

E

①
②
③
④
⑤
⑥
⑦
⑧
⑨
⑩
⑪
⑫

Merikare E 13–20

(13) E

(14) E

(15) E

(16) E

(17) E

(18) E

(II,2) (II,1) M

(19) E

(II,3) M

E

(II,4) M

(20) E

M

a) rot gestrichen.

b) nachträglich in rot hinzugefügt.

E

M II,5

E 21

M II,6

E

M

E 22

M II,7

E

M

E 23

M II,8

E

M II,9

a) schwarz gestrichen.

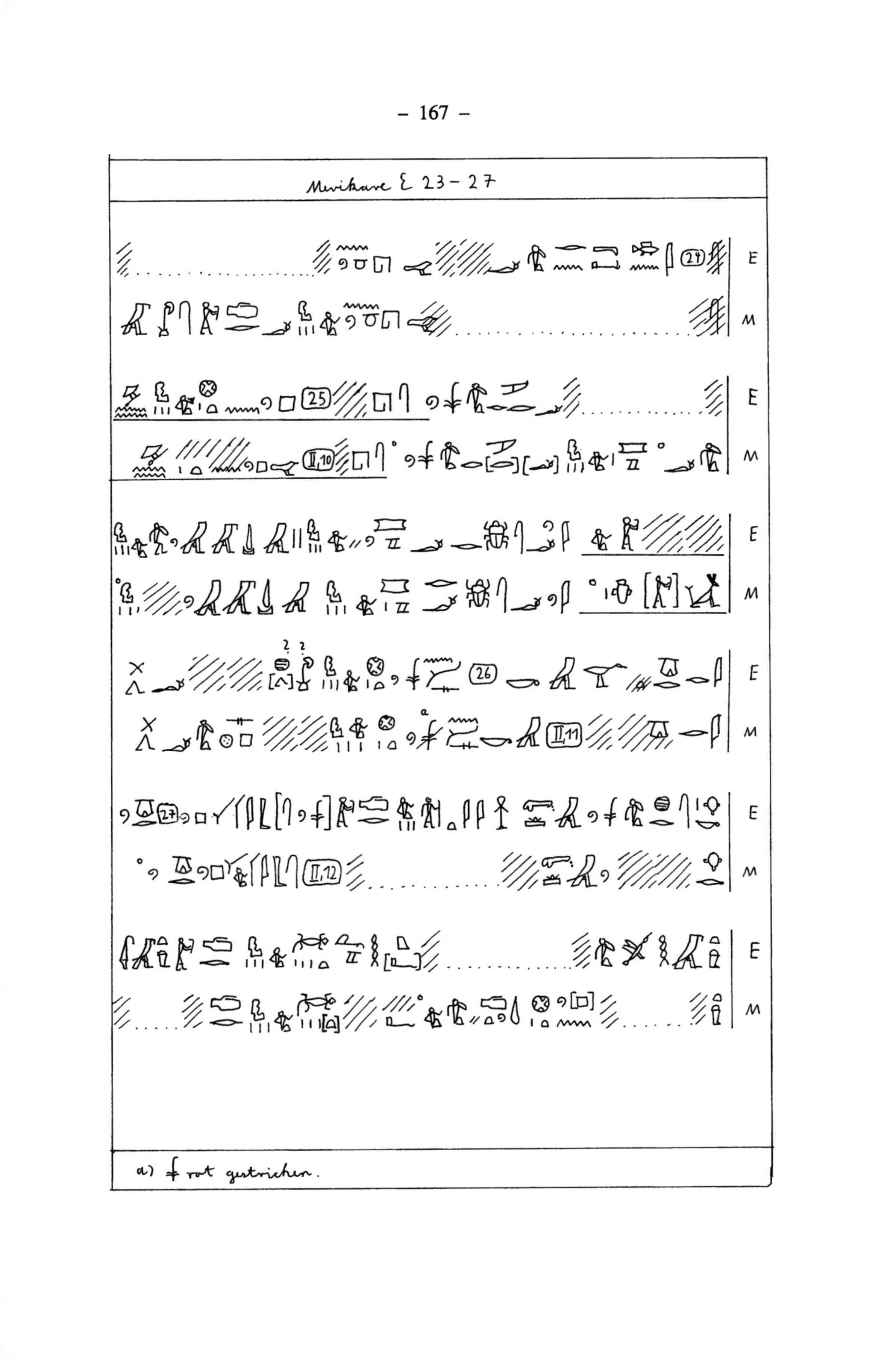

Merikare E 23–27

E (24)

M

E (25)

M (II,10)

E

M

E (26)

M (II,11)

E (27)

M (II,12)

E

M

a) rot gestrichen.

Merikare E 27–31

(28) E

(II,13) M

E

(II,14) M

(29) E

M

E

(II,15) M

(30) E

(II,16) M

(31) E

E

(II,17) M

a) – b) Bezug unsicher.

Merikare E 31-36

(32) E

E

(III,1) M

(33) E

E

(III,2) M

(34) E

(III,3) M

E

M

(35) E

E

(36) E

*Merikare E 36–40*

E

(37) E

E

(38) E

E

M

(39) E

(III,9) M

E

(III,10) M

(40) E

(III,11) M

a) Golénischeff:

Merikare E 40–44

(41) E

E

(III,12) M

(42) [a] E

M

E

(III,13) M

(43) E

M

E

(III,14) M

(44) E

M

a) nachträglich rot eingefügt

Merikare E 44 – 47

E

(III,15) M

E

(III,16) M

(45) E

M

E

(III,17) M

(46) E

M

(47) E

(III,18) M

E

M

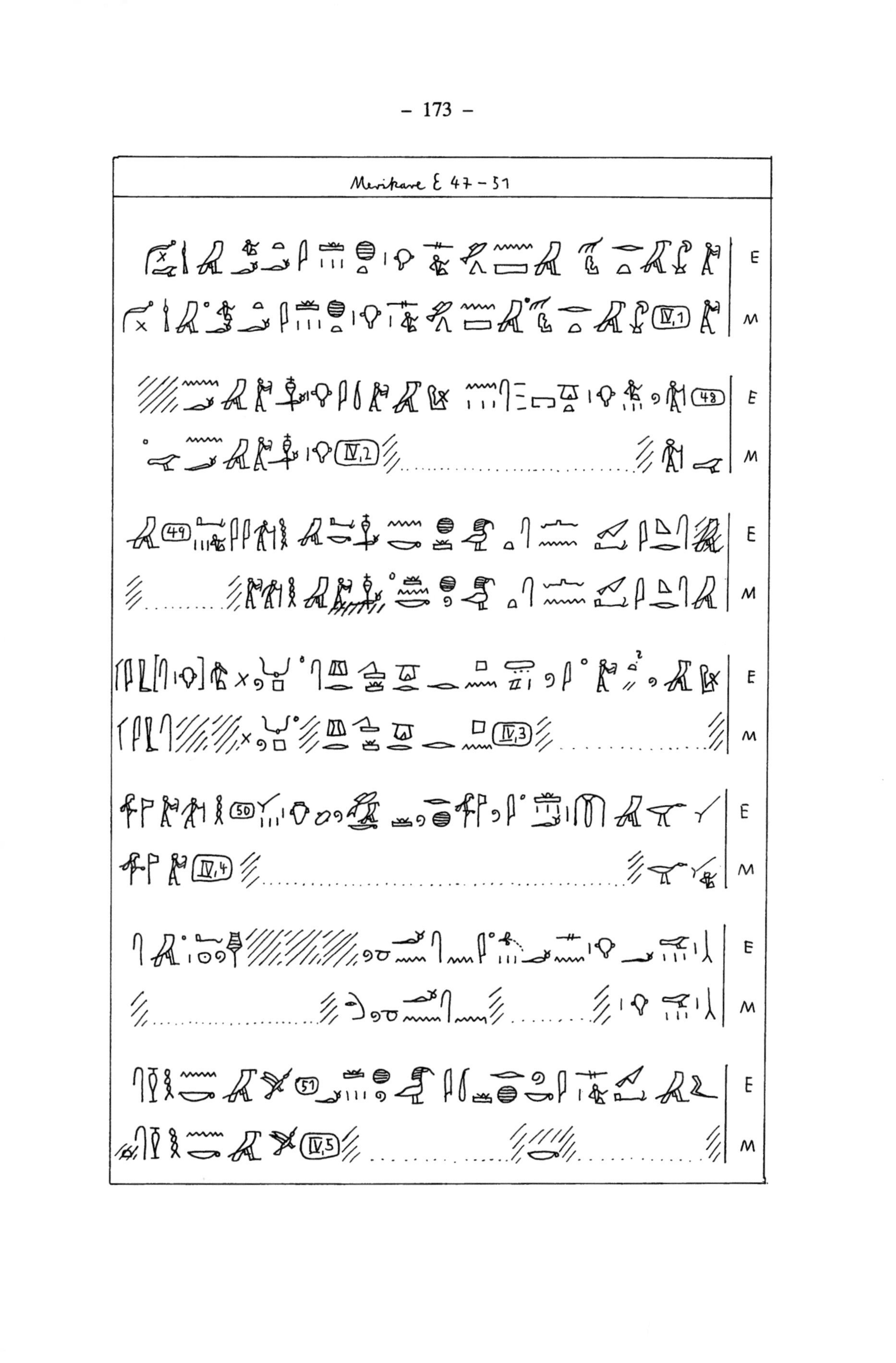

Merikare E 47 – 51

E

M

E

M

E

M

E

M

E

M

E

M

E

M

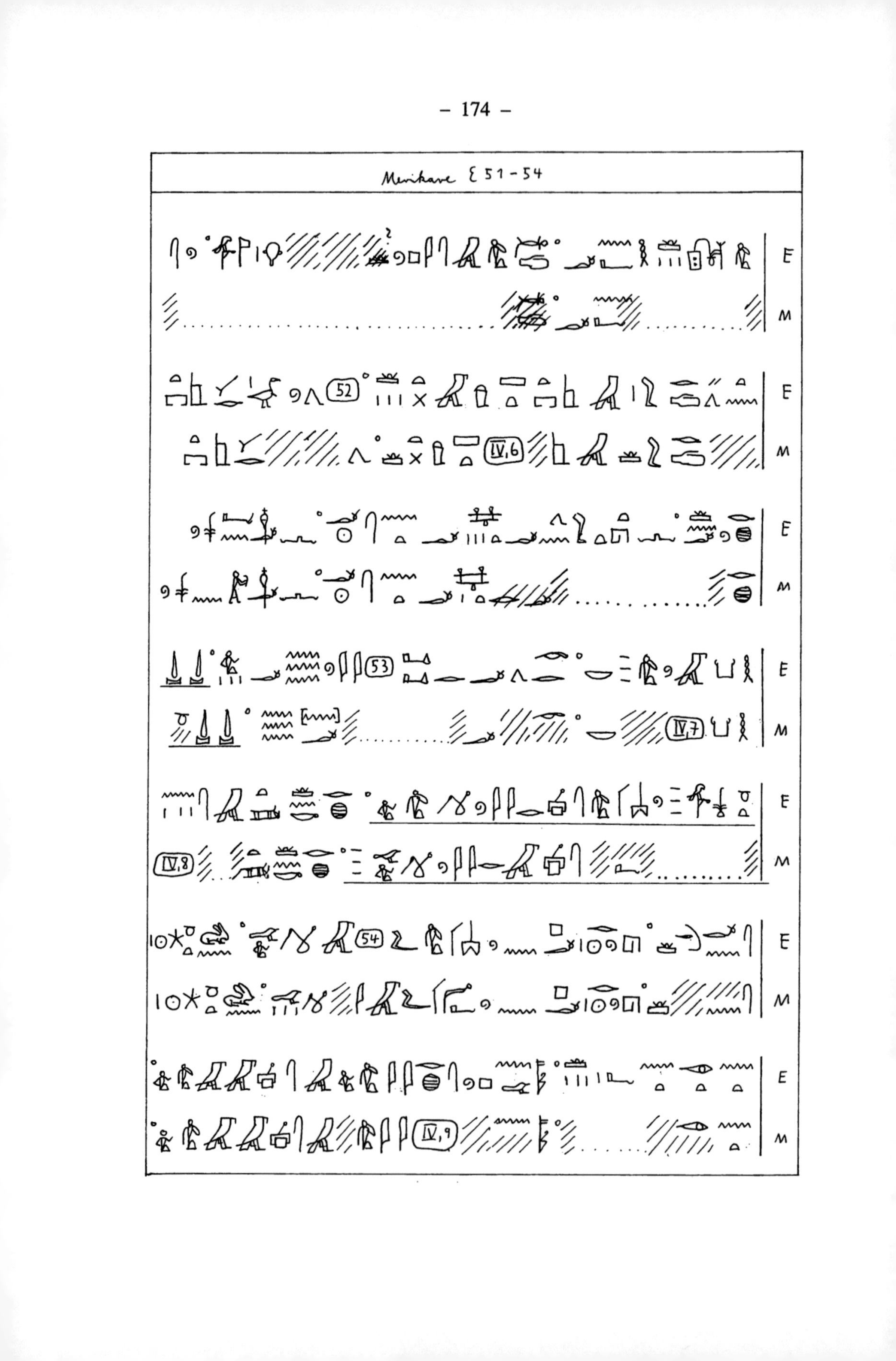

Merikare E 51–54

E
M
E
M
E
M
E
M
E
M
E
M
E

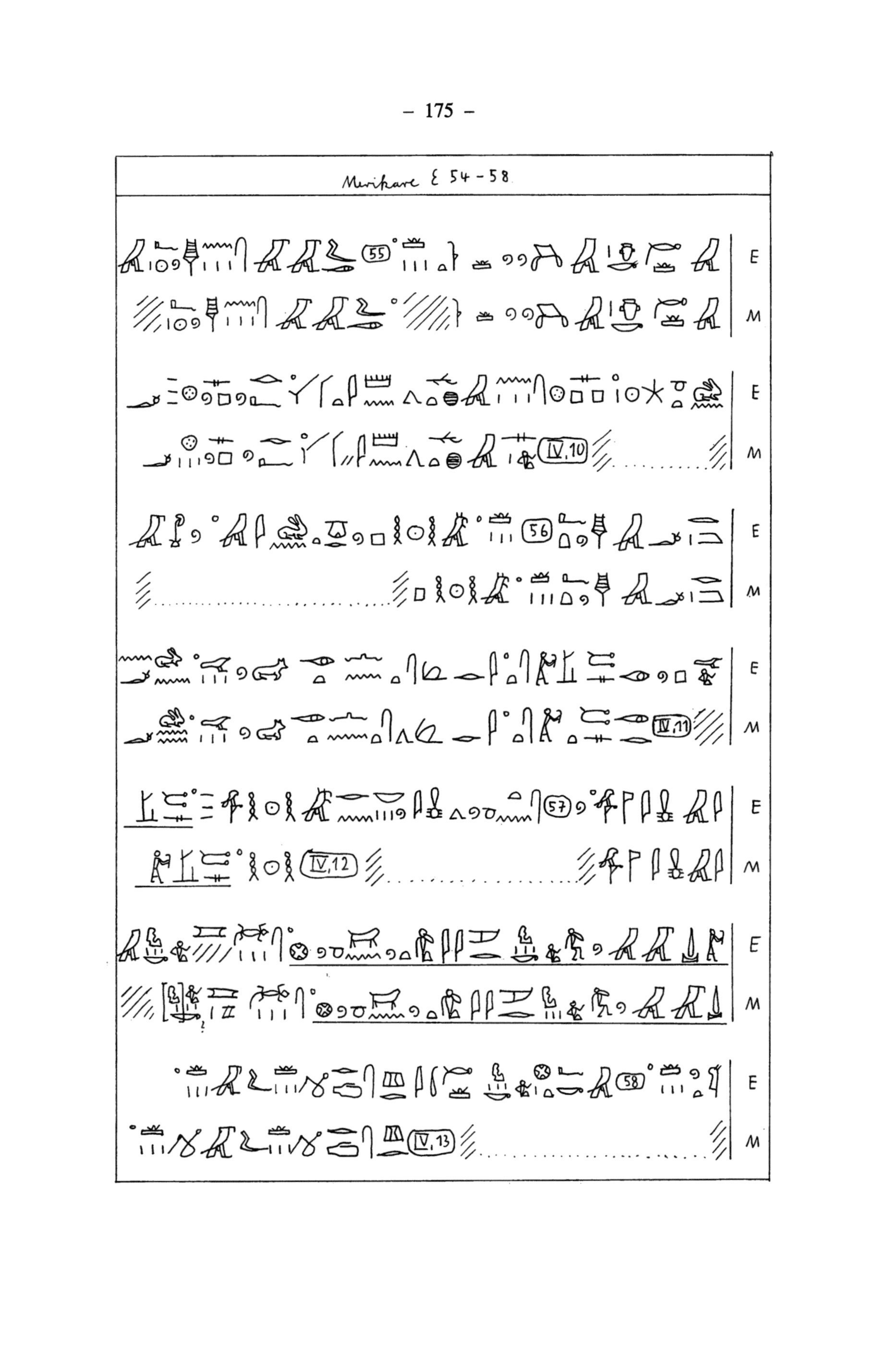

Merikare E 54–58

(55) E
M

E
(IV,10) M

(56) E
M

E
(IV,11) M

(57) E
(IV,12) M

E
M

(58) E
(IV,13) M

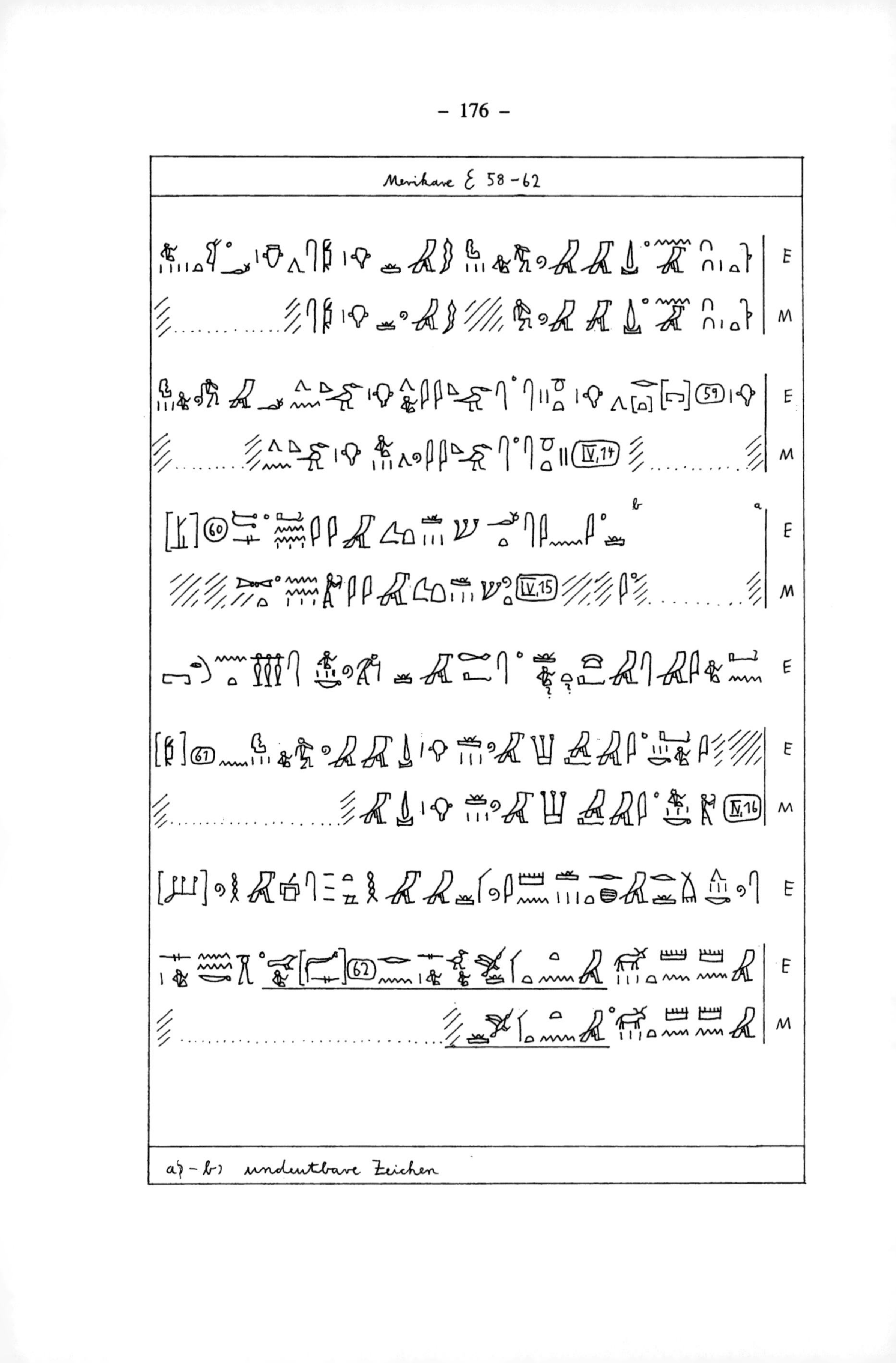

Merikare E 58–62

E

M

E

(59)

M

(IV,14)

E

(60)

b a

M

(IV,15)

E

E

(61)

M

(IV,16)

E

E

(62)

M

a) – b) undeutbare Zeichen

Merikare E 62-65

E
IV,18 M
63 E
M
a E
64 E
E
V,2 M
65 E
M
E
V,3 M

a) rot gestrichen

*Merikare E 65 – 70*

| | |
|---|---|
| (66) | E |
| (V,4) | M |
| | E |
| (67) | E |
| (V,5) | M |
| | E |
| (68) | E |
| (69) | E |
| (V,6) | M |
| | E |
| (70) | E |
| (V,8) (V,7) | M |
| | E |

Merikare E 70 – 75

(71) E

(V,9) M

(72) E

M

E

(V,10) M

(73) E

M

(74) E

E

(75) E

E

a) Spuren, die zu [hieroglyph] passen würden.

b) Die übliche Lesung [hieroglyph] ist sehr unsicher.

c) Golenischeff: [hieroglyph]?, lies [hieroglyph]?

Merikare E 75-81

(76) E

(77) E

E

(78) E

(79) E

(V,16) M

E

M

(80) E

(V,17) M

(1) DM 1476

(81) E

Merikare E 81 – 83

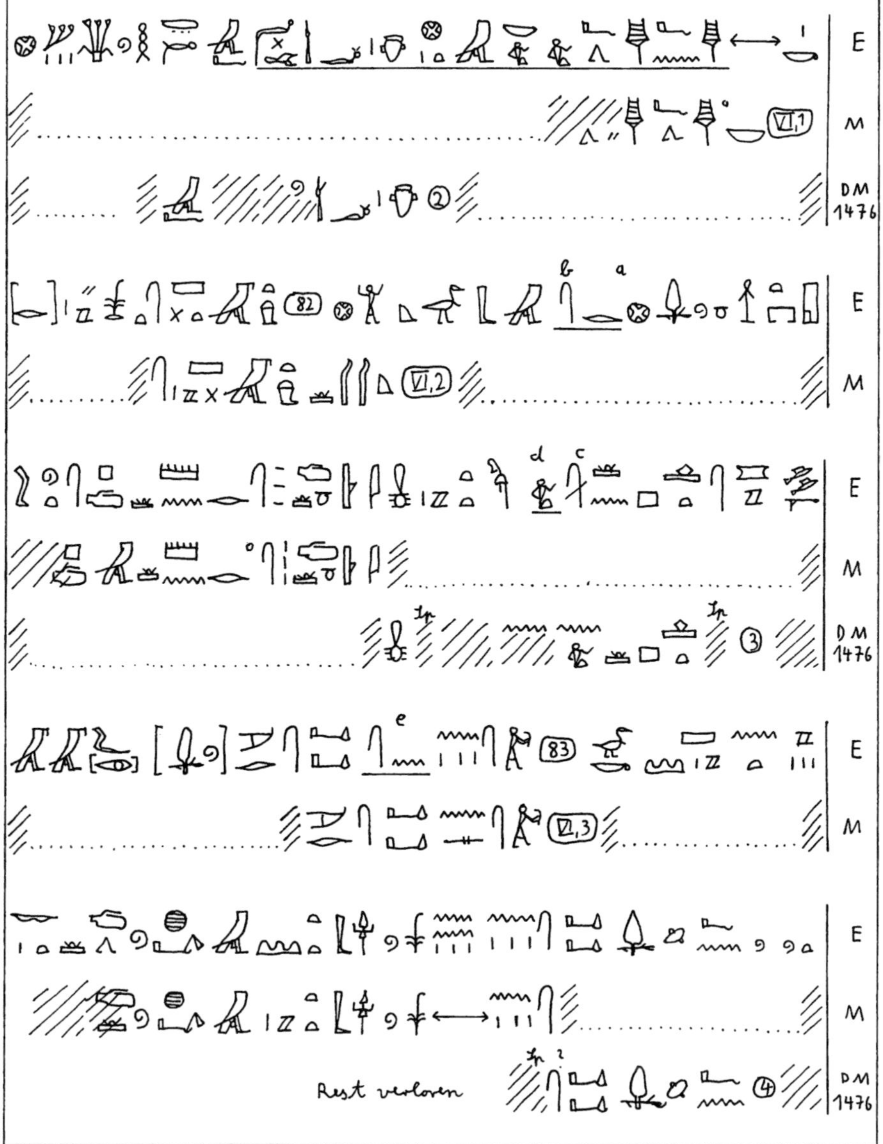


a) – b) nachträglich über der Zeile.

c) – d) ꜣ rot gestrichen, unter der Zeile nachgetragen.

e) nachträglich unter der Zeile.

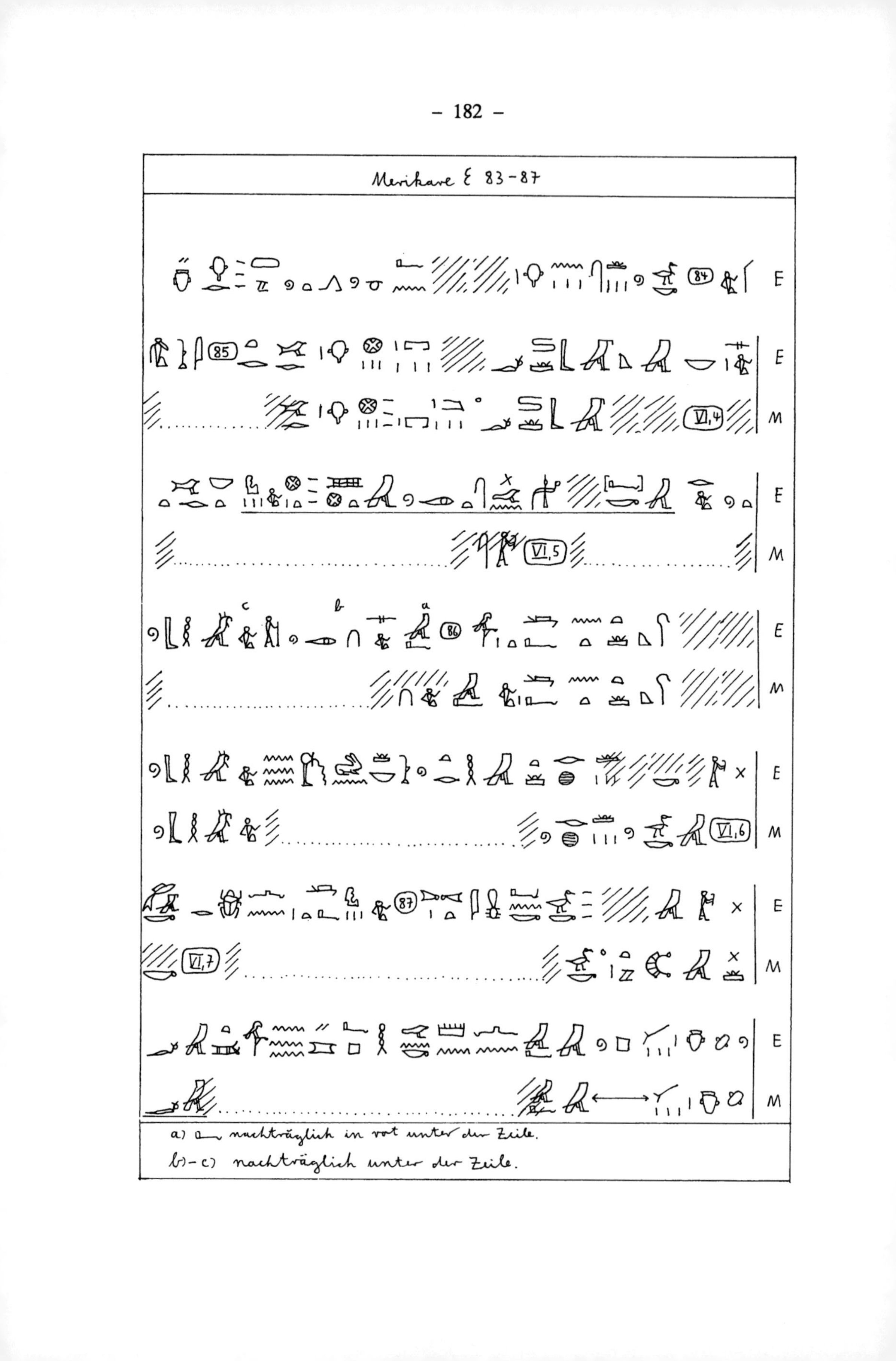

Merikare E 83-87

E
E
M
E
M
E
M
E
M
E
M
E
M

a) [hieroglyph] nachträglich in rot unter der Zeile.

b)–c) nachträglich unter der Zeile.

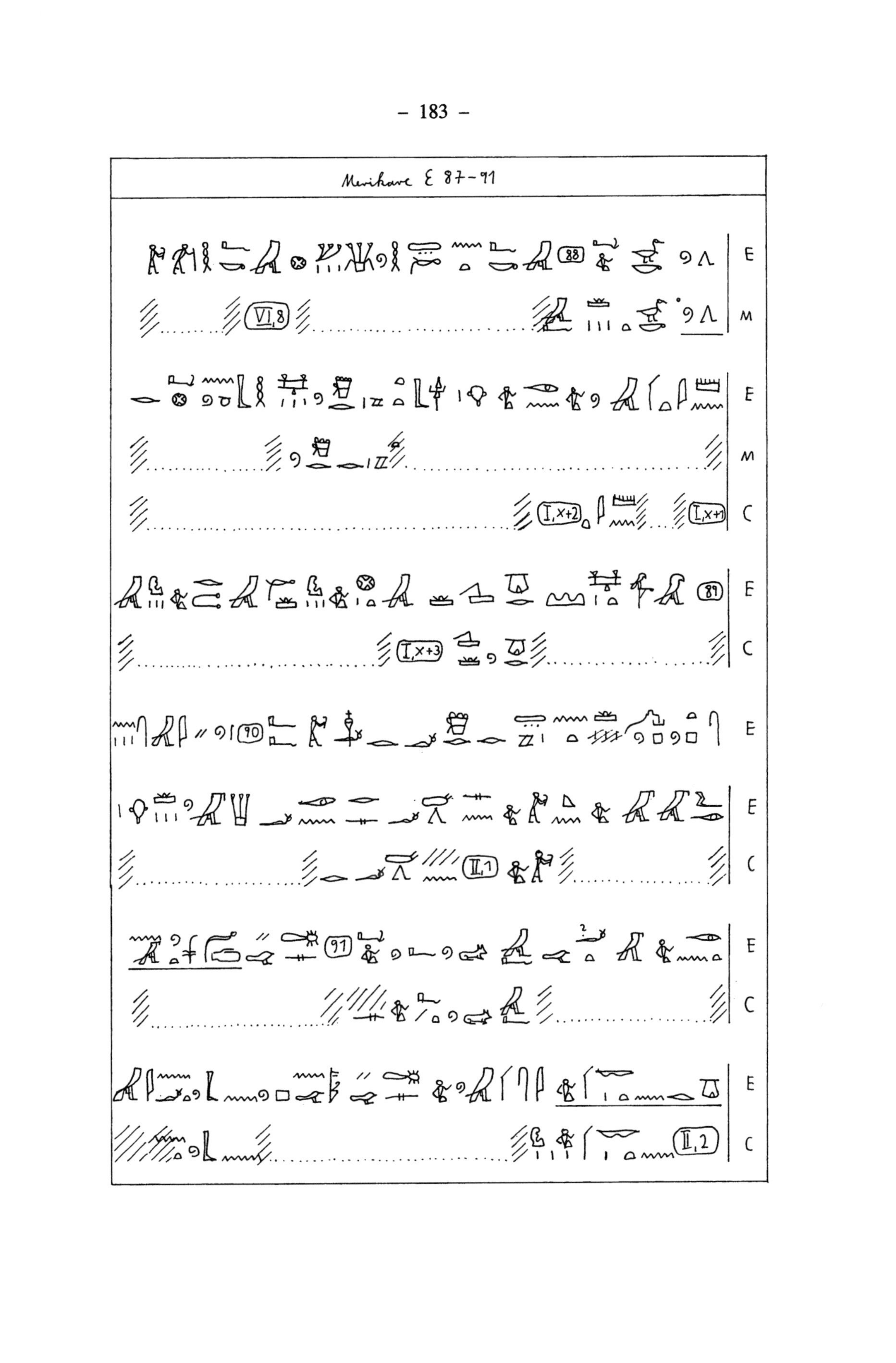

Merikare E 87–91

| | |
|---|---|
| 88 | E |
| VI,8 | M |
| | E |
| | M |
| I,x+2 I,x+1 | C |
| 89 | E |
| I,x+3 | C |
| 90 | E |
| | E |
| II,1 | C |
| 91 | E |
| | C |
| | E |
| II,2 | C |

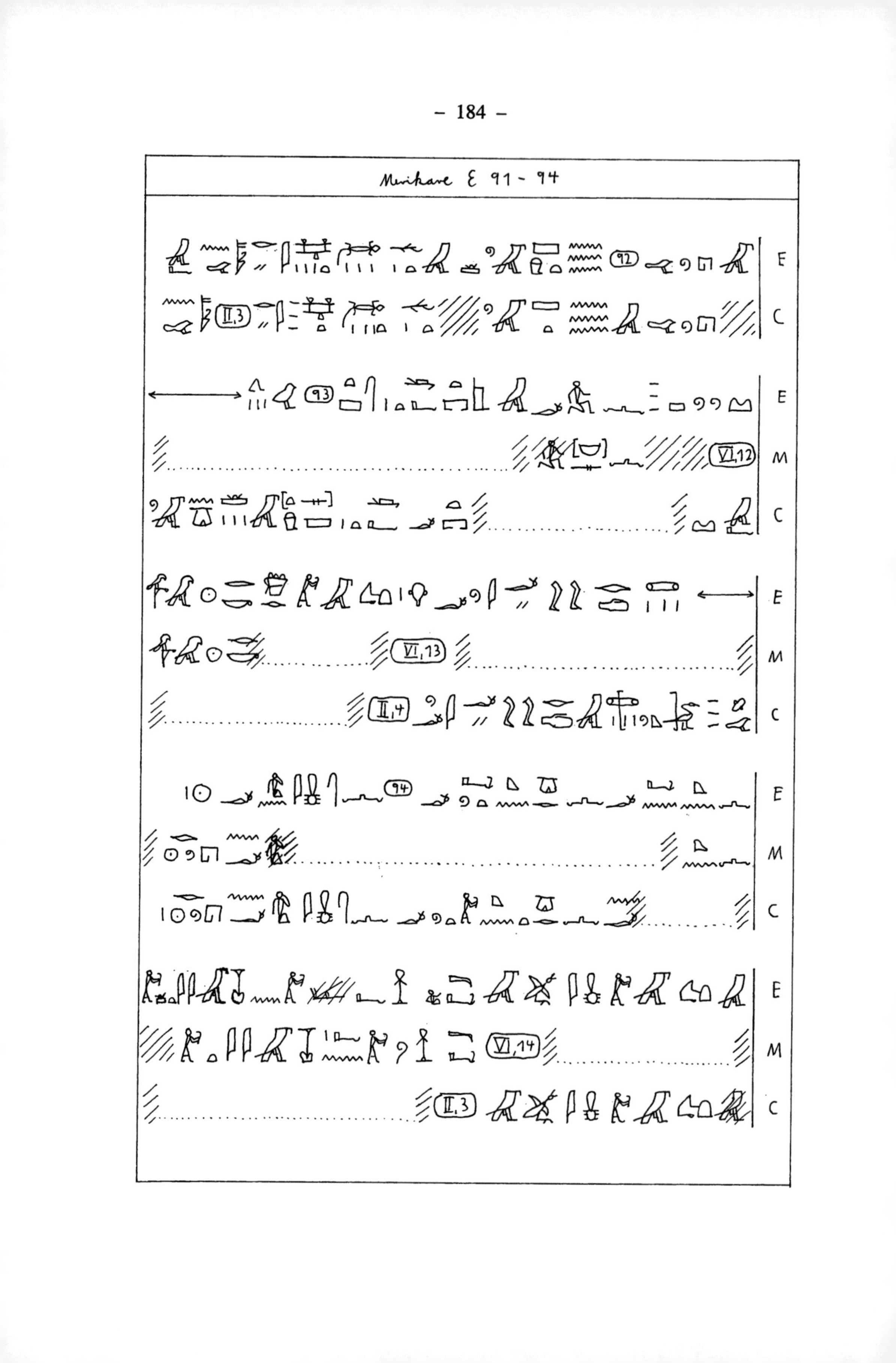

*Merikare E 91 - 94*

(92) E

(II,3) C

(93) E

(VI,12) M

C

E

(VI,13) M

(II,4) C

(94) E

M

C

E

(VI,14) M

(II,3) C

Merikare E 94–97

E 95 ... M ... C ...

(VI,15) (II,6) 96 ... (VI,16) (II,7) 97

a) – b) Verzerrte Zeichenformen.

Merikare E 97-100

(98) E
(VI,17) M
(II,8) C

E
M
C

(99) E
(VI,18) M
(II,9) C

E
M
C

(100) E
(II,10) C

Merikare E 100-105

101 | E
C

E
II,11 | C

102 | E
II,12 | C

103 | E
C

104 | E
III,1 | C

E
C

105 | E
VII,5 | M
III,2 | C

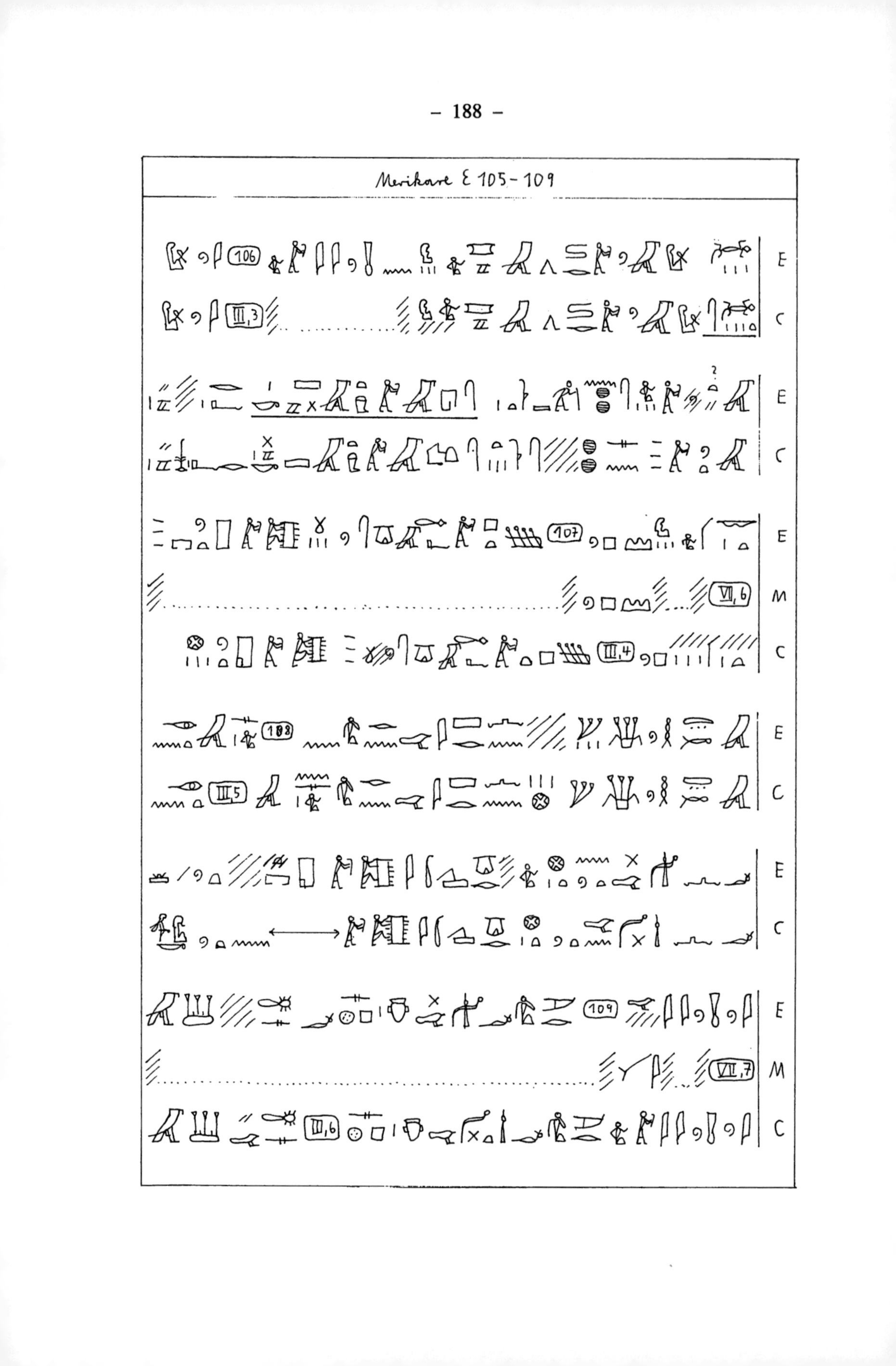

Merikare E 105–109

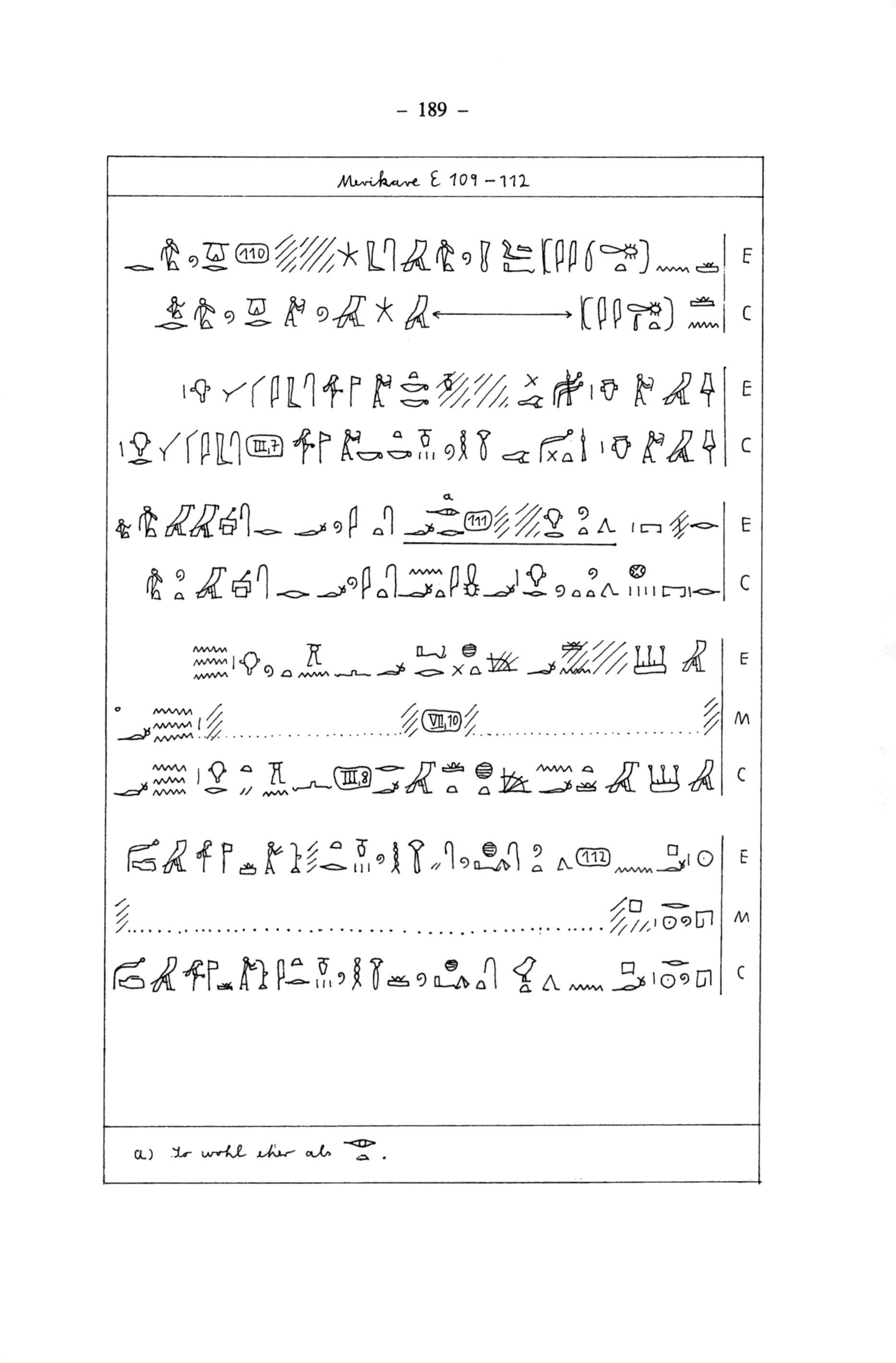

## Merikare E 109–112

(110) E

C

E

(III,7) C

(111) E

C

E

(VII,10) M

(III,8) C

(112) E

M

C

a) So wohl eher als [hieroglyph].

Merikare E 112–116

(113)
(VII,11) M
(III,9) C
E
(III,10) C
(114) E
(VII,12) M
C
E
(III,11) C
(115) E
(VII,13) M
C
(116) E
(IV,1) C

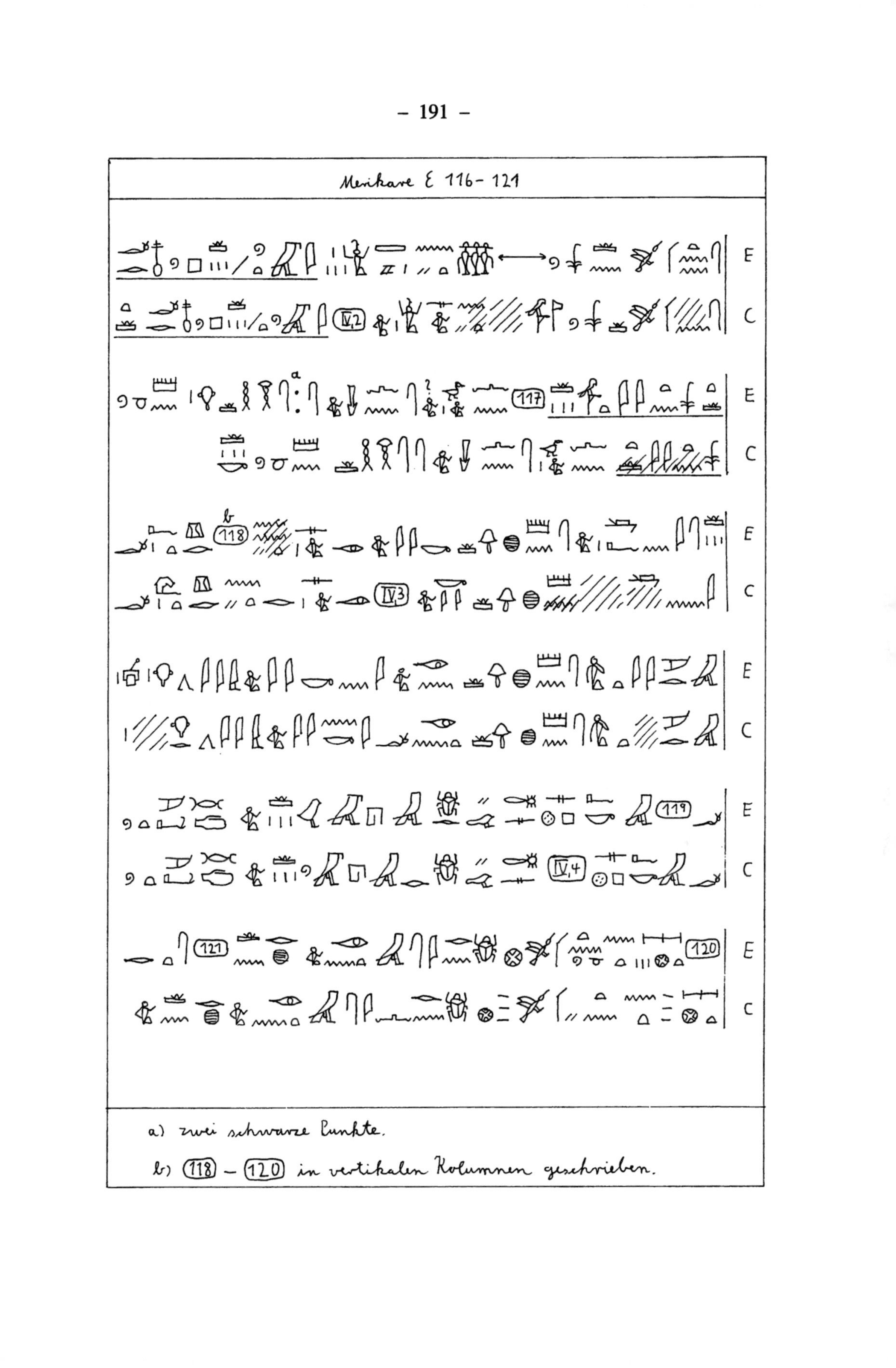

Merikare E 116–121

E

C

E

C

E

C

E

C

E

C

E

C

a) zwei schwarze Punkte.

b) (118) – (120) in vertikalen Kolumnen geschrieben.

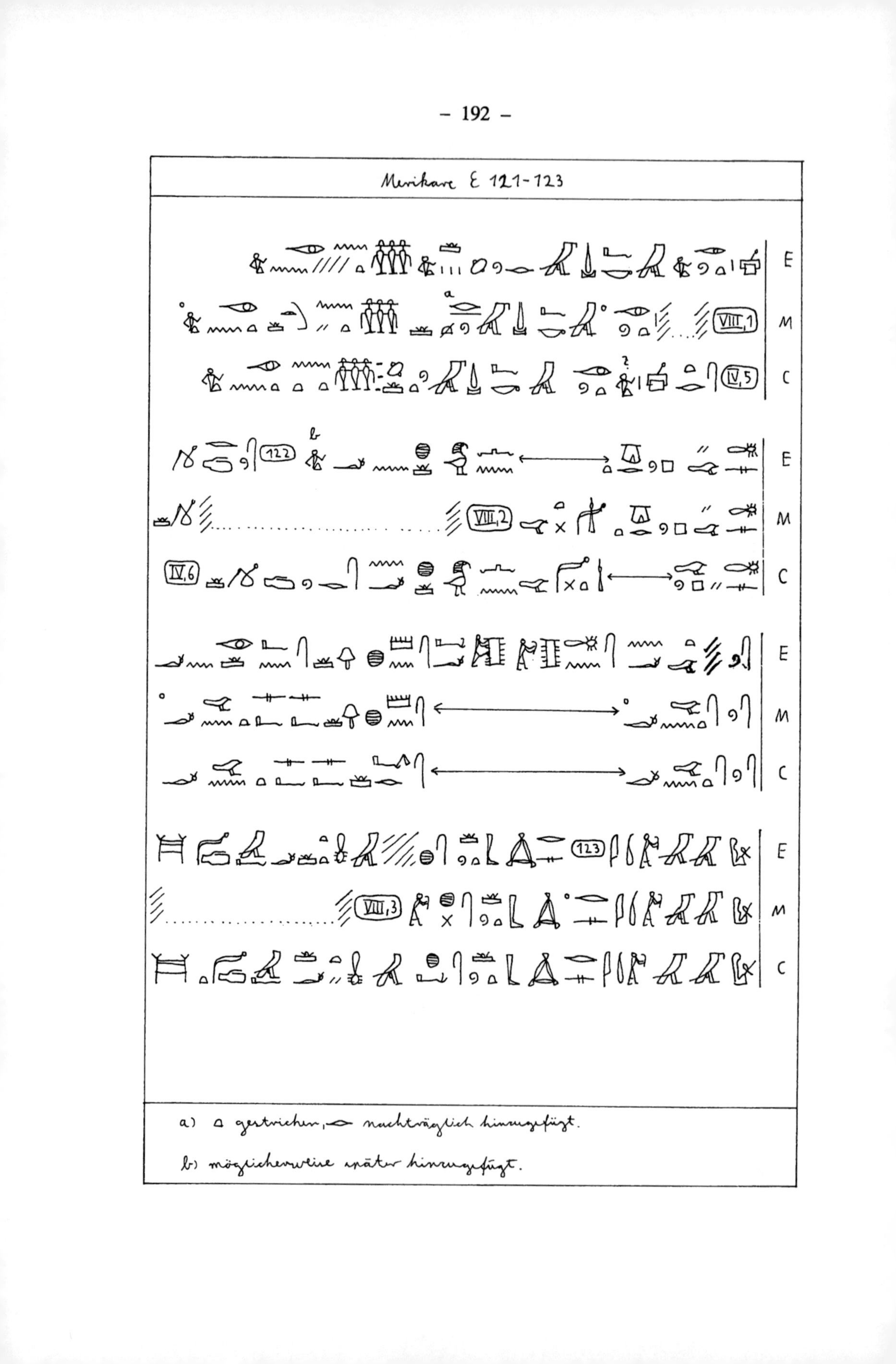

Merikare E 121-123

E

M

C

E

M

C

E

M

C

E

M

C

a) ⌂ gestrichen, ⌓ nachträglich hinzugefügt.

b) möglicherweise später hinzugefügt.

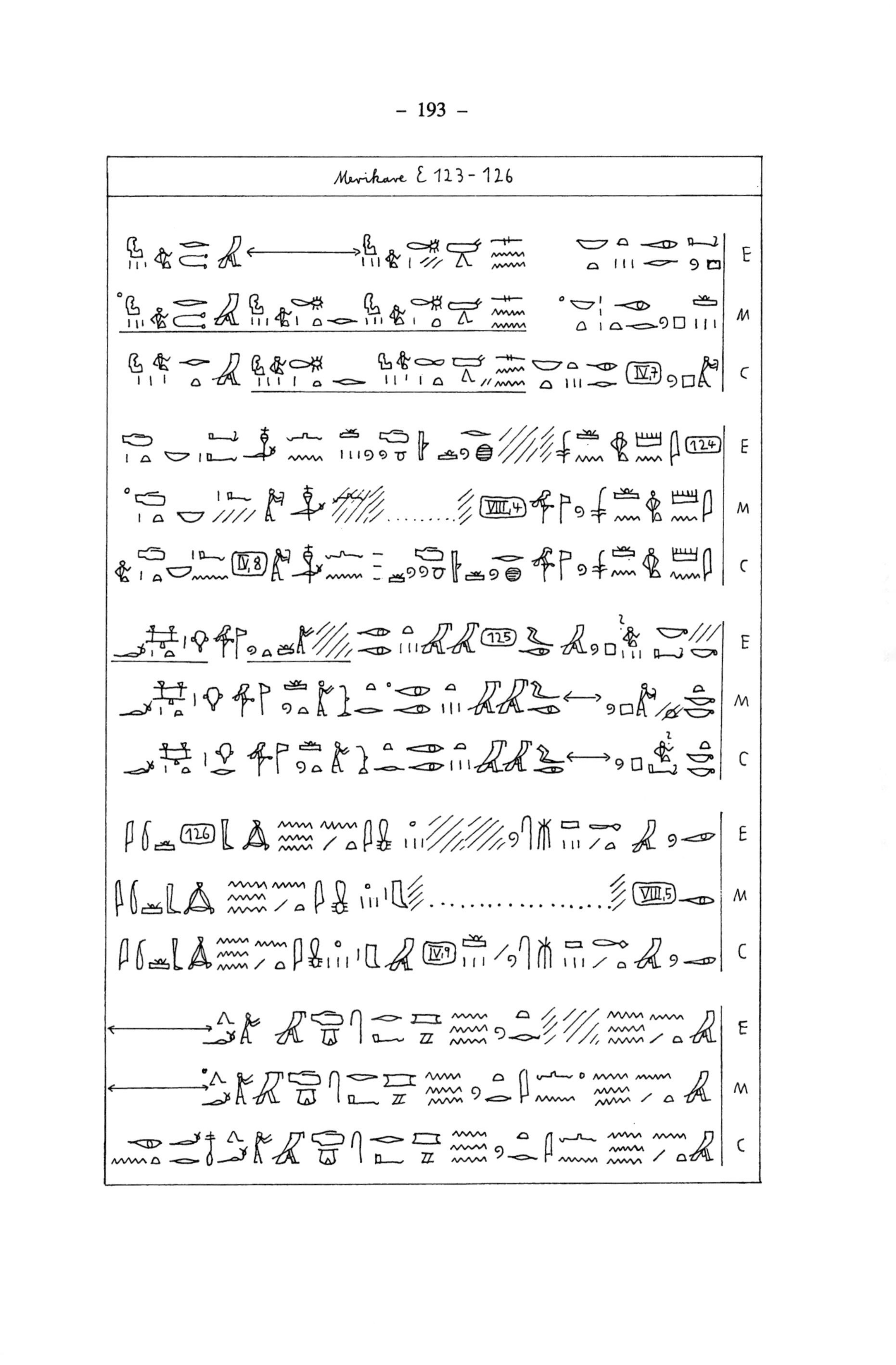

## Merikare E 123-126

E
M
C

E
M
C

E
M
C

E
M
C

E
M
C

Merikare E 126-128

E

M

C

E

M

C

E

M

C

E

M

C

a) [hieroglyph] rot gestrichen.

b) - c) nachträglich über der Zeile eingefügt.

Merikare E 128–131

(129) E
(VII,8) M
C

E
M
(V,2) C

(130) E
(VII,9) M
(V,3) C

(131) E
(VII,10) M
C

E
M
(V,4) C

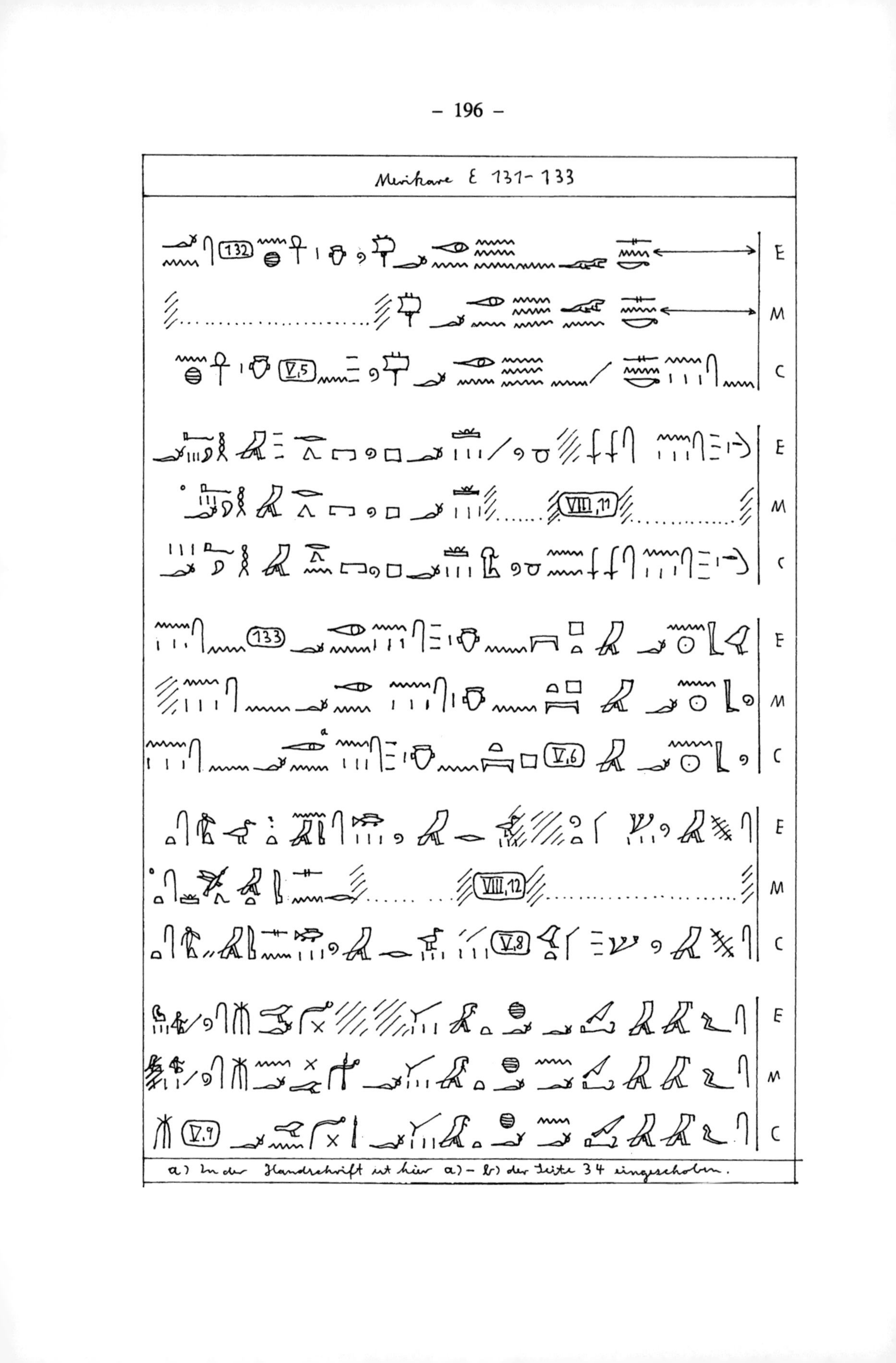

Merikare E 131–133

(132) E

M

(V,5) C

E

(VIII,11) M

C

(133) E

M

a (V,6) C

E

(VIII,12) M

(V,8) C

E

M

(V,9) C

a) In der Handschrift ist hier a)–b) der Seite 34 eingeschoben.

Merikare E 133-136

134 E

VIII,13 M

C

E

M

C

135 E

M

V,7 C

E

VIII,14 M

V,10 C

136 E

M

C

a)-b) In der Handschrift vor a) auf Seite 33 eingefügt.

Merikare E 136 – 139

E
VII,15 M
V,11 C

137 E
M
VI,1 C

E
VIII,16 M

138 E
VI,2 C

139 E
VII,17 M

a) wohl eher [hieroglyphs] als [hieroglyphs].

Merikare E 139–142

E
M
C VI,3

(140) E
E
M VIII,18
C VI,4

(141) E

E [a]
Rest verloren M [b] IX,1
C VI,5

(142) E

a) entweder [hieroglyph] oder [hieroglyph].

b) vertikale Kolumne.

Merikare E 142-150

(143) E

(VI,6) C

(144) E

E

Kolophon verloren (VI,7) C

Kolophon in E

(145)

(146)

(147)

(148)

(149)

(150)